经济管理学术文库·管理类

新时期西部农村公共产品建设的制度研究
——以延安为例

Research on the Institution of Rural Public Products
in Western Rural Areas in the New Period
——Evidence From Yan'an Rural Area

陈　敏／著

经济管理出版社
ECONOMY & MANAGEMENT PUBLISHING HOUSE

图书在版编目（CIP）数据

新时期西部农村公共产品建设的制度研究：以延安为例/陈敏著 . —北京：经济管理出版社，2020. 8

ISBN 978 - 7 - 5096 - 7331 - 7

Ⅰ. ①新… Ⅱ. ①陈… Ⅲ. ①农村—公共物品—供给制—研究—延安 Ⅳ. ①F299. 241

中国版本图书馆 CIP 数据核字（2020）第 146627 号

组稿编辑：杨国强
责任编辑：杨国强
责任印制：黄章平
责任校对：董杉珊

出版发行：经济管理出版社
　　　　　（北京市海淀区北蜂窝 8 号中雅大厦 A 座 11 层　100038）
网　　址：www. E - mp. com. cn
电　　话：（010）51915602
印　　刷：北京玺诚印务有限公司
经　　销：新华书店
开　　本：720mm×1000mm/16
印　　张：11
字　　数：189 千字
版　　次：2020 年 8 月第 1 版　　2020 年 8 月第 1 次印刷
书　　号：ISBN 978 - 7 - 5096 - 7331 - 7
定　　价：88. 00 元

序　言

　　农村公共产品的制度建设直接决定着农业生产的外部条件，是农业生产的关键，并且对农村的公益事业以及农村经济社会的稳定与发展至关重要。确保农村公共产品的制度建设，是解决农业、农村和农民问题的关键。同时，农村公共产品的制度建设问题也关系到平衡城乡经济社会发展，是全面建设小康社会的重要任务。虽然西部农村地区发展迅速，其相应的公共产品的制度建设也有一定的进步，但不可避免地仍然存在很多问题。例如，公共产品的总供给不足，结构严重失衡，导致公共产品的供求矛盾激化，进而影响农村经济的进一步发展。农村公共产品的制度建设以及西部农村农民生产生活条件的改善，可以缩小区域发展差距，促进城乡一体化，而且可以为社会公平和整个中国的和谐发展做出贡献。

　　本书首先简述农村公共产品的相关理论以及国内外研究现状，概括新时期西部大开发背景下的农村公共产品建设背景，进而描述了我国延安农村公共产品供给的现状，对延安农村公共产品取得的成就进行描述，并指出延安农村公共产品建设制度在农村水利建设、农村公路建设、农村医疗卫生设施建设、农村义务教育建设以及农村信息化基础设施建设等方面存在的困境，并找出其存在问题的成因。然后介绍了"十四五"时期延安农村公共产品发展的新特征及新趋势，基于此分析了新时期延安农村公共产品制度的建设思路与建设方案。最后提出了新时期延安农村公共产品制度建设的对策与措施，包括加强组织领导、增加资金投入、加强管理和宣传以及加速推进城乡一体化等，希望为我国西部农村公共产品建设制度的完善提供借鉴，以推动延安乃至整个西部农村地区的可持续发展，促进社会公平。

大力发展农村的公共产品和公共服务事业，是建设社会主义新农村作为统筹城乡发展战略的一个重要阶段。建设社会主义新农村可以理解为农村公共投资的完善与优化问题，论证了公共投资与新农村建设的沿革及其相互关系。笔者通过实地调研，以延安为例，研究延安地区农村公共投资状况，阐述了延安在新农村建设中取得的成绩以及经验总结，重点探讨了延安在推动特色农业发展、农村公共基础设施建设、农村医疗改革方面取得的主要成就以及经验，这些经验对陕西农村经济的发展、解决"三农"问题、建设社会主义新农村模式具有重要的理论与现实意义。

本书通过严谨的研究方法和开放的思路，指出建设社会主义新农村作为统筹城乡发展战略的一个重要阶段，是要大力发展农村的公共产品和公共服务事业。较为系统评估西部大开发以来，西部省区农村公共物品和服务投资政策的效果，结合农村居民对公共物品和服务提供的需求及意愿，提出现阶段农村公共物品和服务提供的优先序，同时探索改善农村公共物品和服务有效提供的可行办法，在此基础上提出适应城乡协调发展的国家公共财政体系、管理体制及相应的政策措施。

本书可用于各级政府人员的参考用书，也可作为大学本科生的教材参考书，也可作为农村公共投资与新农村建设有研究兴趣的学者和读者的普通读物。感谢为本书顺利完成提供过帮助的单位和个人。

目　录

第1章 绪论

第一节 研究背景

为了推动我国农村经济的发展，中共中央在我国经济体制改革的不断深化中加强了"惠农"政策。随着社会主义新农村的建设，我国农村落后的面貌逐渐改善，农村公共产品的建设和供给也随之加快。农村公共产品的建设作为促进城乡基本公共服务均等化的有效载体，对于农村经济社会的可持续发展有着非常重要的意义。

农村公共产品制度的有效建设可以最大限度地保障农业发展，为农业生产提供设施保障，促进农村经济的稳定发展，进而提高农民整体文化素质和农村精神面貌。随着我国经济进入新常态，社会各方矛盾日益突出，农村公共产品的制度建设作用更加突出。农村经济的逐步发展、城乡差距的逐渐缩小是我国农村在经济新常态下的主要目标，而保障农村公共产品的有效建设，不仅能完成这些任务，还可以维护农村社会稳定。如果一个国家的城乡二元结构出现失衡，根据国外的经验，这个国家应立足本国实际，根据本国实情采取相应的措施，加大对农村的财政投入与支持力度。因此，在我国经济快速发展的同时，越来越重视农村地区的发展，政府财政对农村地区投入逐步增加，并且颁布和实施了众多惠农政策，以促进农村地区的发展。例如，在"三农"政策实施的背景下，我国对于农业生产以及农民生活的投入力度逐渐加大，农村的基础设施与各种公共服务水平都得到了一定程度的改善及提升，我国城乡间公共产品供给不平衡的现象得到一定程度的缓解。然而即便如此，我国农村公共产品建设中仍然有许多不足之处，尤其在我国经济社会发展相对落后的西部农村地区，各种问题更是层出不穷。尽管西部地区辽阔，但内在的固有弊端在一定程度上阻碍了农村的经济发展与稳定。

延安经济快速发展的同时，农村公共产品的提供也出现了很多好的经验和做法。延安位于陕北黄土高原丘陵沟壑区，总面积3.7万平方千米，总人口214.5万人，平均海拔1000米左右，年均无霜期170天，年均气温9.2℃，年均降水量500多毫米。延安具有发展现代生态农业的良好条件，是世界最佳苹果优生区。森林总面积2710万亩，森林覆盖率达到36.6%。人均土地面积达27亩，土层深厚，光照充足，昼夜温差大，其特色农产品有苹果、红枣、酥梨、羊肉、小杂粮等，这些农产品品质优良，远销海内外。林果、草畜、棚栽三大主导产业已成为农民收入的主要来源。改革开放以来，延安农村经济得到了较大的发展，但农村地区公共产品供求现状与城镇的相比较而言，财政对于农村地区公共产品的投入总量不足。除此之外，其提供方式也存在不合理的地方，导致农村公共产品存在供需不平衡的现象，从而使农民对公共产品的需求无法得到相应的满足。这种状况已经严重制约了延安农村地区经济的可持续发展，阻碍延安地区尽快实现社会主义新农村建设的目标。

本书以新时期西部大开发为背景，基于相关理论与国内外的研究，通过对延安农村公共产品建设现状的描述，总结了延安农村在公共产品建设方面存在的问题以及原因，借鉴"十四五"时期延安农村公共产品发展的新特征、新趋势，以及"十四五"时期延安农村经济发展规划，概述了新时期延安农村公共产品制度的建设思路与建设方案，从而探讨延安市公共产品制度建设的对策与措施，旨在推动延安乃至全国农村经济的稳定发展与社会主义新农村的建设。

第二节 研究意义

研究延安农村公共产品制度建设，对延安市农村经济的发展、解决"三农"问题、建设社会主义新农村模式具有重要的理论与现实意义。

一、理论意义

农村公共产品建设是一项民心工程，对于加快农村城市化和城乡一体化步伐，全面建设小康社会具有重大战略意义。在建设社会主义新农村中，应加强对农村公共产品建设的重视程度与投入力度，提高农村公共产品建设水平，搞好农村公共服务建设，改善农村新形势，这是重点。在建设社会主义新农村的过程中，党中央、国务院制定了发展农村公益事业的综合计划。可以说，农村公共产品的制度建设是新农村建设的重要内容。但是目前，中国农村的公共产品建设机制仍然存在一些问题，特别是在落后的西部贫困地区，这些问题更加严重和更加明显。因此，改善西部农村地区的公共产品的制度建设是当务之急，也是建设社会主义新农村的关键环节。但是，与西方发达国家形成的较为完善的农村公共产品供给机制相比，关于中国的广度和深度的研究非常有限。本书系统地阐述了延安市农村公共产品建设的现状，并提出了完善延安市农村公共物品建设机制的措施，可以弥补现有理论研究的不足，为进一步的研究提供参考。

二、实践意义

农村公共产品建设的制度研究对于统筹城乡发展、建设社会主义新农村、减轻农民负担以及拉动农村消费等具有重大意义。

（一）农村公共产品建设的制度研究有助于统筹城乡发展，缩小城乡差距

党的十七大明确指出，"推进社会体制改革，扩大公共服务，完善社会管理，促进社会公平正义，努力使全体人民学有所教、劳有所得、病有所医、老有所养、住有所居，推动建设和谐社会"。十七届三中全会把"城乡基本公共服务均等化明显推进"作为农村改革 2020 年的基本目标任务之一。社会和谐是中国特色社会主义的本质属性，解决社会失衡，建立社会公平公正是构建和谐社会一个最基本、最重要的任务，其中一个关键的任务是加大农村公共产品供给的力度，缩小城乡差距。

（二）农村公共产品建设的制度研究有助于提升农村综合实力，建设社会主义新农村

中国共产党十六届五中全会提出要按照"生产发展、生活宽裕、乡风文明、村容整洁、管理民主"的要求，积极推进社会主义新农村建设。农村经济是否发展稳定、农民生活是否宽裕舒适，农村乡风是否文明、农村容貌是否整洁干净、村委管理是否民主，这些都关乎农村经济社会稳定发展，都离不开农村公共产品制度的有效建设。从一定程度来看，建设社会主义新农村离不开政府财政对农村公共产品的投资供给，离不开农村公共产品的有效建设，例如，农村基础设施建设、农村医疗卫生服务、农村义务教育、农村科技研究水平、农村特色农业发展等。

（三）农村公共产品建设的制度研究有助于减轻农民负担，增加农民收入

农村公共产品在建设过程中，财政对于农业生产、农民福利事业以及农村环境保护等方面都进行了大量的投入。其中，对于农村基础设施的建设，不仅能够

改善农民的生活条件，而且会降低农民私人生产经营的成本，从而减轻农民负担，增加农民的人均纯收入。除此之外，对于农民医疗福利事业的投入，在一定程度上解决了农民"看病难、买药贵"等困境，让他们看病买药都没有后顾之忧，尤其对一些老年人和贫困家庭，大大减轻了他们的负担，提高了他们的生活水平。另外，对于农业生产方面的科技水平的投入，提高了农业生产的效率与质量，这样能有效促进农村剩余劳动力的转移，增加农民收入，提升农民生活水平。

（四）农村公共产品建设的制度研究有助于拉动农村消费，促进国民经济发展

中国自古是一个农业大国，虽然近年来城镇化水平不断提高，但农村人口仍占全国总人口的 40% 左右，农村人口仍然很庞大，并且农村的地域空间辽阔，发展空间较大，因此市场需求极大且逐年上涨。在过去，我国农村经济不发达，农民收入较低，购买力低下，并且对外界市场的需求不足，久而久之这种需求的不足反过来同样会阻碍农村经济的进一步发展；现在，随着国民经济的均衡发展，加之国家对农业农村和农民问题的重视，农村公共产品建设制度的创新，公共资源配置逐渐优化，农村公共产品供给不足的问题得到了解决。因此，我国农村经济社会也迅速发展起来，农民的生活水平大大改善，对美好生活的需求越来越大，并且农民的人均可支配收入大大提高，相适应的购买力大大提高，所以，我国农村目前的消费需求越来越大，这将促进我国农村经济快速发展，同时必将成为拉动国民经济的新增长点。

第三节　研究框架

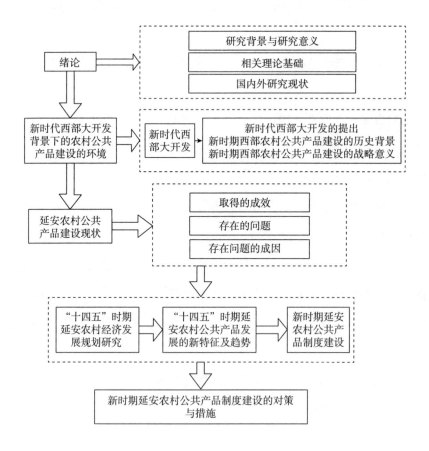

图 1-1　研究框架

第四节 相关理论基础

一、相关概念界定

(一) 公共产品和私人产品

经济社会中的产品和服务按照其效用特性可以划分为公共产品和私人物品。所以公共产品 (Public Goods) 是与私人产品 (Private Goods) 相对应的概念,研究公共产品首先应弄清楚什么是私人产品。

1. 私人产品

私人产品是由市场经济中的私人部门所提供的一类商品或服务的总称。私人产品的基本特征是在消费过程中具有排他性和竞争性。私人产品的排他性即如果这件商品被某人消费了,别人就不可能再消费它;私人产品的竞争性指每增加一个单位的私人产品均需要增加相应的成本,边际成本不可能为零。

2. 公共产品

公共产品也被称作公共品或公共物品,一般认为公共产品一词最早由瑞典人林达尔于1919年在其博士论文《公平税收》中正式提出,对这一概念展开专门论述是20世纪五六十年代随着学术界对政府职能和国家财政等有关"公共"问题的关注而开始并引入经济学,不仅是目前影响十分广泛的公共财政理论的逻辑分析起点和基础,也是以布坎南为代表的公共选择学派的理论核心,在经济学和财政学理论中占据重要地位。萨缪尔森在1954年《公共支出的纯理论》中将物品分为"私人消费品"和"集体消费品"。1955年在《公共支出理论的图解》中用"公共消费品"代替"集体消费品"。他将公共产品定义为"在消费上同时具有非排他性和非竞争性的产品”，这也是为现代经济学所广泛接受的一个定义，后来的研究者认为，萨缪尔森定义的公共产品是纯公共产品。按照萨缪尔森的观点，公共产品是全体社会成员集体享用的集体消费品，每个人对该种物品的消费都不会减少其他社会成员对该种物品的消费。

在萨缪尔森之后，现代财政学之父理查德·阿贝尔·马斯格雷夫对物品提出“三分法”，即公共物品、私人物品和有益物品。将有益物品定义为“通过制定干预个人偏好的政策而提高生产的物品”，这意味着有益品主要是由国家提供的。布坎南提出了一个全新的概念俱乐部物品，从物品的共同拥有角度对物品的集体供给方式进行研究，将俱乐部定义为一种消费所有权——会员之间的制度安排。俱乐部物品可以适用于从纯私人物品到纯公共物品的所有情况。阿特金森和斯蒂格利茨（1992）对公共产品概念进行了连续性处理，指出萨缪尔森纯公共产品的定义是“每个人对这种产品的消费都不会导致其他人对该产品消费的减少”，然而“更为一般的情况是，有一类商品具有这样一种性质：（在对该商品的总支出不变的情况下）某个人消费的增加并不会使他人的消费以同量减少”。他们继续举例说，“如果某人对于在一条很少使用的高速公路上行驶，则这条路对于其他人的利益只有轻微的减少”。迈莫罗（1999）提出了宪政意义上的公共物品理论，他认为物品的供给决策有两个层次，所谓“公共”和“私人”只是指不同的供给方式而与物品本身无关，只有物品的“公共供给”和“私人供给”，而无所谓“公共物品”和“私人物品”的区分。他认为，物品是由市场还是由政府提供是全体消费者进行宪政决策的结果。

给公共产品下一个定义是很难的，考察公共产品理论发展的历史，一般来说，公共产品是指由公共部门（或政府）提供的用于满足社会公共需要的商品和服务，也是依据公共产品的两大特征消费的非排他性与非竞争性而得出的一般性定义。公共产品的公共性随着经济发展和社会条件的变化而发生变化，它的含义也不断被增加新内容。

（二）农村公共产品

农村公共产品一般是指为了满足农村经济发展、农业生产以及农民生活消费所需的产品，属于社会公共产品的一个重要组成部分，受益范围主要是农村区域，受益对象主要是农民。中国农村公共产品有着特殊国情特点。

综合我国众多学者的观点，农村公共产品指农村地区农业、农村或农民生产、生活共同所需的具有一定的非排他性和非竞争性的产品或服务。由于农村公共产品所在区域的特殊性，除具备公共产品一般特征外还具有以下特征：地域性、层次性、分散性、供给主体的弱替代性等。对于农村公共产品的分类，一般按照其性质、用途和受益范围进行划分：从公共产品的性质看，农村公共产品主要包括纯公共产品和准公共产品；从公共产品的用途看，农村公共产品主要包括生产性公共产品和非生产性公共产品；从公共产品的受益范围看，农村公共产品主要包括全国性公共产品和地方性公共产品。对于农村公共产品的多元供给主体，公共产品的公共性并不完全相同，有政府供给主体、市场供给主体、第三部门（非政府组织和农村社区组织）供给主体。

二、基础理论

（一）公共产品理论

公共产品理论的最初形成始于 20 世纪末，一些意大利和奥地利学者在财政学的研究中创新地采用边际效用价值论，使得政府财政与市场运行机制相互补充、科学作用的合理性得到论证（陈柳钦，2011）。这一传统经济学对于公共产品的经典定义还进一步指出，公共产品较私人物品而言不同的三个基本特征：一是效用的非排他性；二是消费的非竞争性；三是效用的不可分割性。然而，现实中所提供的公共产品并不一定兼有以上三种特性，而是出现了许多融合公共属性和私人属性而产生的混合产品，便有了"纯公共产品"和"准公共产品"的区分。

（二）帕累托最优理论

福利经济学第一基本定律认为，完全竞争均衡即是帕累托最优状态。在经济分析中，有关资源配置有效性的一个广泛应用的价值判断标准是帕累托最优。帕累托效率是完全效率概念，指的是将生产、消费和交易有机地组织在一个经济系统中所达到的效率状态。新福利经济学判别福利状态优劣的新标准是帕累托最优，即在其他条件不变的情况下，只要一些人的经济福利不减少就无法增加另一些人的经济福利，这种状态就是福利达到最大化，即实现了帕累托最优状态。同样，在保持其他条件不变的情况下，一部分人的状况由于某一经济活动得到改善，同时又不会对另一部分人造成损失，即社会福利得到增加，这个过程就是帕累托改进。

基于以上帕累托最优理论的分析，则可得出当政府考虑生态型公共产品供给问题时，其必然要最大限度地使每一个农户的境遇得以改善，同时尽可能避免损害其他农户的利益，从而使得整个社会的福利得以提高。如果必须伤及一些群体利益，那么农村生态类公共物品供给所带来的整体效益是否较之前有所改善就必须成为政府考虑的一个条件。

第五节　研究现状

一、国外研究现状

国外文献主要强调了推进农村公共产品的重要性，个别文献指出中国农村公共产品存在着供给与需求不对称的问题。如 Aschauer（1989）、Nadiri 和 Mamuneas（1994）认为，政府通过基础设施、公共资本和 R&D 能够提高要素生产率。

Timmer（1998）的研究认为，在国家发展的某一个特定阶段，应当把农村公共产品建设放在重要位置，加大对农村的投资，提升国家整体水平。世界银行的研究报告（2004）指出，在发展中国家中，对于道路、教育、健康服务、卫生饮用水、通信等方面的公共产品改善，将会对农村脱贫以及区域和城乡的统筹发展产生积极作用。Emiel B. Barrios（2008）指出，增加农村基础设施投资有利于促进农村发展。Qamar M. K.（2004）以巴基斯坦的农村作为研究对象，指出政府对于公共产品供给应改变"自上而下"的供给模式，要以需求为导向，能够更好地提高农村公共产品供给效果。Luo、Zhang、Huang 和 Rozelle（2010）研究了村民选举与公共产品投资的关系，指出由村民民主选举产生的干部会增加本村公共产品的供给。Petrick 和 Gramzow（2012）在以波兰为例进行案例研究的基础上，认为民间组织和地方政府需要合作来提供公共物品，这样可以更好地提高供给效果，推动经济社会发展。Mccarthy 和 Kilic（2015）以马拉维为例对此进行实证研究，认为农村公共物品的供给会显著影响农业生产、农村经济以及社会福利。

二、国内研究现状

国内关于公共产品的研究十分丰富，大致可以概括为三大类。

第一类文献从供给层面展开分析。有些学者是从农村公共产品供给非均衡的视角展开探讨的。其中有学者把这种供给不均衡归因于基层政府财权的缺失，如林万龙（2007）认为，由于基层缺乏财权、公共产品过度依赖省级以上的专项资金，导致我国农村公共产品出现供求内容不匹配、供给方式不恰当、供给机制单一、供给过程中重县城而轻乡村，以及重建轻管等供求结构失衡的现象，因此下放部分财权是解决这些问题的有效途径之一。胡志平（2010）认为，基层政府财力不足是当前农村公共产品供给非均衡的重要原因，提出了改变各利益主体的约束与激励机制的微观途径，通过形成合理的利益机制来改善公共产品供给的非均衡。马骁、王宇、张岚东（2011）则把城乡公共产品的供给差异归因于政治支持的不同，认为地方官员向城市供给公共产品比向农村供给会获得更大的政治支持，基于此提出了实现城乡公共产品供给均等化的建议。有学者则从供求不匹配的角度探讨了导致供给不均衡的原因。如拓志超（2012）认为，公共产品的供给失衡是经济发展的一种普遍规律，也是政府职能出现暂时失效的一种表现，而从实践上看，"非需求主导型"的供给机制更是导致供给失衡、低效的深层次原因。程林（2012）对农村公共产品供给的优先序进行了分析，认为政府应该优先发展医疗卫生服务，其次需要大力发展社会保障服务，再次是不断推进文化教育的建设，通过发展的优先序来缩小城乡间公共产品供给的不平衡程度。有学者则从制度体制的视角探讨促进均等化服务的路径。如马志敏、吴朝阳（2013）把农村公共产品供给中存在多种问题的根源归因于城乡利益分化和城乡二元结构以及优先发展重工业的战略选择，因此需以统筹城乡发展以及转变政府职能等方式来提高供给效率，满足农民的有效需求。李曾（2013）从政府责任的视角分析了城乡公共产品不均等的原因，基于此从政府理性、财政角度、制度设计三个层面提出了实现城乡服务均等化供给的可行路径。范逢春、李晓梅（2014）认为，破解农村公共产品"结构失衡"和"总量不足"的困局，应对农村公共产品的供给主体进行重新定位，优化创新运行机制。王彦（2017）认为，在公共产品供给中应该完善村民参与机制，通过引导农民参与提高公共产品供给的精准水平，提高供给效果。杜春林、张新文（2017）在理论分析的基础上，结合案例研究讨论农村公共产品供给中出现的碎片现象及存在的问题，认为地区之间、部门之间的错综复杂的利益关系是导致这些问题的主要原因。有学者则就农村公共产品的供给效率进行了探讨，如朱建文（2010）从如何提高公共产品的效率入手，认为通过健全财政体制、有效整合财政资金等手段来增加农村公共产品的有效供给。韩小威（2013）认为，需要对农村公共产品的供给模式进行重构，以提高农村公共产品的供给效率。王方（2013）运用 DEA - Malmquist 的分析方法，对农村公共产品的供给效率进行研究，认为农村公共产品供给存在城乡差异，而总量供给不足导致规模效应低，供给的技术水平低是影响供给效率的重要原因，因此要提高供给效率必须重视供给技术水平的提高以及改善政府管理。

第二类文献从需求层面展开。其中大量的文献从需求层面即农户视角对农村公共产品的需求现状进行分析，了解农户对农村公共产品满意度，以及哪些因素会显著影响农户的评价。如夏锋（2008）通过千户调研数据分析了农村公共产品存在的问题，发现农民对于中央政府出台的惠农政策较为满意，但从中央到地方农民满意度出现逐级下降，表明政策落实中出现"走形变样"的问题。樊丽明、骆永民（2009）通过调研显示农民对于环保和灌溉这两种公共产品的满意度较低，进一步运用 SEM 模型分析认为与其他村比较本村公共产品供给优越感越强，则农民满意度越高，表明农民对于公共产品供给除了"患寡"外，还"患不均"。方凯、王厚俊（2012）对湖北省进行调研发现，农民对公共产品的总体满意度较低，但农民对于精神性的公共产品满意度较高，而对于物质性的公共产品满意度较低，物质性的公共产品供给已成为新农村建设、农民满意的重要障碍。有学者利用计量模型，对影响农民满意度的因素进行探讨，如孔祥智、涂圣伟（2006）以农田水利设施为例，分析了影响农户公共产品需求的影响因素，研究结论表明，农民的个人及家庭特征和村庄特征都会影响其需求意愿，以此建立农户需求的一种表达机制，作为估计农民需求的基础。李燕凌、曾福生（2008）对农村公共产品的供给满意度进行分析，认为农民的年龄、教育年限、收入、医疗可及性以及到镇政府距离等因素都会影响农民满意度的评价。而易红梅、张林秀、Denise Hare 等（2008）研究表明，除了农民个体及家庭特征会影响农民对于农村公共产品的满意度外，一些供给的制度性因素，如是否参与决策、对于资金筹集的支持意愿等都会影响农民的满意度。马林靖、张林秀（2008），王蕾、朱玉春（2011），周利平、苏红、付莲莲（2012），许莉（2012）等诸多学者也都通过不同地区的调研，对农村公共产品的满意度进行分析，得出与上述学者相类似的结论。还有一些学者对农户的公共产品需求偏好进行排序，并进一步研究了某项或某几项农村公共产品的支付意愿等，如陈俊红、吴敬学、周连弟（2006）通过对北京农村的调研，分析认为当前农民最急需的公共产品是社会保障和医疗，其次是教育科技、农村规划、基础设施建设，因此政府应按照农民需求的优先序，有偏向性地进行投资。李强、罗仁福、刘承芳等（2006）通过实地调研发现，农民对于灌溉、道路投资的满意度最低，但投资意愿却很高，而对于垃圾处理的满意度和投资意愿都很低。白南生、李靖、辛本胜（2007）对安徽凤阳的调研发现，农民对于基础设施建设有极强的需求，相比"生活型"基础设施农民对于"生产型"设施的需求更为强烈，但农民的投资意愿不高，更需要政府资金投入的支持。孙翠青、林万龙（2008）在全国范围内对农民公共产品的需求意愿进行调查，认为农户对于卫生、教育、社会保障、文化以及技术培训有很强的需求意愿，应作为农村公共产品优先考虑的项目。郑德亮、袁建华、赵伟（2009）对于山东的调研发现，当前农民对公共投资的硬件方面（供电服务、通信状况等）满意度较高，而对软件方面（技术服务、图书馆服务等）满意度较低，需求意愿强烈，因此政府应加大技术服务、休闲娱乐等方面的投资。廖小东、丰凤（2012）对西部欠发达地区农村进行调研，发现农民对公共产品供给满意度较低，有较强的需求意愿，特别是对民族文化类的公共产品需求意愿最为强烈。谢迪、吴春梅（2015）在对湖北 5 个村庄进行实地调研的基础上，提出需要制定系列配套措施，提升农村公共产品供给效率，提高农民整体公共福利水平。

第三类文献结合供需两个层面展开分析。从已有研究看，只有少部分文献结合供给和需求两个层面对农村公共产品展开分析，指出农村公共产品存在着供需不匹配问题。如史中翩（2009）定性分析了目前我国农村公共物品供求中存在总量失衡、结构失衡、地区失衡和供求机制不完善等问题的原因，并提出了一些对策建议。陈文娟（2011）以河南为例分析了我国中部地区农村公共物品的供求现状，指出目前在中原地区由于农村公共产品的供给总量不足、供需不匹配、供给效率不高等问题的存在，严重阻碍了中部地区农村的经济社会发展。赵晓亮

（2013）基于小样本调研数据分析了村一级公共产品供需非均衡问题。廖添土、陈海波（2013）分析了福建农村公共产品的供需矛盾，提出了相应的对策建议。张新文、詹国辉（2016）构建农村公共产品供给的整体治理框架，并结合实地调研访谈，探讨了农村公共产品供给与整体治理机制的关系，提出了相应的优化供给的路径。不难发现，从供、需两个层面相结合的视角对农村公共产品的探讨相对较少，多为定性分析，进行系统性理论梳理和实证分析的研究相对较少。

第2章 新西部大开发背景下的农村公共产品建设环境

第一节 新时代西部大开发的提出

为了满足中国发展特色社会主义的新时代新要求，党中央和国务院从全局考虑决定，做出加大力度促进西部地区的发展，从而推进区域协调发展进入新阶段的重大决定。在以习近平同志为核心的党中央领导下，从党的第十八届全国代表大会召开之后，可以明显地看出西部地区的经济和社会发展取得了重大的进步，并为小康社会的全面建设取得了决定性胜利奠定了坚实的基础。它也使得国家的战略回旋空间得到了拓展。但不可忽视的是，西部地区的发展仍然存在发展不足以及不平衡等突出问题，需要引起我们的重视。缩小与东部地区的发展差距依然是我们不懈努力的目标。新时期西部大开发具有重要的现实意义和深远的历史意义，为全面建成小康社会，建设社会主义现代化国家开启新的征程。为加快形成西部大开发新格局，推动西部地区高质量发展，2020年5月17日，《中共中央国务院关于新时代推进西部大开发形成新格局的指导意见》（以下简称《意见》）发布，这是党中央、国务院站在新的历史起点，统筹国内国际两个大局，面向第三个十年的西部大开发战略作出的重大决策部署，顺应了中国特色社会主义进入新时代、区域协调发展进入新阶段的历史趋势，被誉为西部大开发的升级版和增强版，标志着西部大开发进入 3.0 时代。

以习近平新时代中国特色社会主义思想为指导，全面贯彻党的十九大和十九届二中、三中全会精神，需要进一步统筹"五位一体"的总体布局和协调"四个全面"战略布局。不仅如此，继续落实总体国家安全观，响应中央坚持稳中求进工作总基调，创新发展理念。我们将继续坚持以供给侧结构性改革为主线，扩大高层次对外开放，深化市场化改革，坚定不移地推进重大改革措施的实施，预防和化解重大矛盾和改革中的风险以迎接更大挑战，保证发展速度的同时推动更高质量的发展。响应国家公共服务"补强提"新要求，形成大保护、大开放、高质量发展的新格局，推动经济发展的质量、效率、动力变革，使西部地区经济的发展和人口、资源以及环境相适应，从而改善西部地区经济发展的整体水平，提高质量和效率，营造更加公平的可持续发展环境。2020 年底，西部地区的营商环境，开放创新环境和生态环境都将会大大改善，这将与中国全面建设小康社会的整体建设步调一致。到 2035 年，西部地区的基础设施和人民的基本生活水平将与东部地区大体相当。政府应该促进各类型区域的互补发展，促进东西双向的开放、协调与合作，促进民族边境地区的繁荣、安全与稳定，人与自然和谐相处。

《意见》明确提出，形成大保护、大开放、高质量发展的新格局，推动经济发展质量变革、效率变革、动力变革，促进西部地区经济发展与人口、资源、环境相协调，实现更高质量、更有效率、更加公平、更可持续发展。"大保护""大开放""高质量发展"是新时代推进西部大开发形成新格局的三个关键词，是全面贯彻落实新发展理念的客观趋势。其中，大保护是绿色发展的现实要求，大开放是开放发展的直接体现，高质量发展是创新发展的必然结果。同时，无论大保护还是大开放抑或高质量发展，都蕴含着协调发展和共享发展的理念。首先，新时代西部大开发认为生态环境保护至关重要，重点要抓好大保护，这是在中华民族的长远发展和子孙后代的切身利益的立场上提出来的。响应国家在保护中开发、在开发中保护的号召，坚持生态优先和绿色发展，坚定贯彻"绿水青山就是金山银山"的思想。其次，新时代西部大开发紧紧抓住"一带一路"建设这一伟大历史机遇，积极参与并融入其中。开放基础设施大通道建设，构建多层次开放平台，促进沿边地区开放，发展高水平开放型经济，拓展区际互动合作。最后，新时代西部大开发坚持以供给侧结构性改革为主线，深化市场化改革，明确高质量发展。支持西部地区加快新旧动能转换，加强科技创新，拓展新的发展空间。高质量发展的新格局体现在多方面，主要贯穿于《意见》第二部分"贯彻新发展理念，推动高质量发展"中。

党的十八大以来，在以习近平同志为核心的党中央领导下，西部地区经济的发展取得了很大进步。据统计，2018年西部地区十二个省、自治区、直辖市的经济总量在全国经济总量中的占比已达到20%以上，社会发展和人民生活改善有目共睹，为未来发展蓄积了动力和基础。然而，不可否认的是，在西部大开发进入第三个十年之际，虽然西部地区获得了长足的进步，但仍然存在发展不足和不平衡的问题，这是全面建设小康社会、实现社会主义现代化的短板和薄弱环节。缩小东西部的发展差距，精准扶贫工作仍然需要得到重视。与此同时，维护国家统一、社会稳定和国家安全的任务也十分艰巨。这些都是西部地区当前面临的主要问题。在这一历史背景下，西部大开发3.0版出台，其六大强化举措充分诠释了西部大开发的新时代特征：

其一，推动高质量发展。中国特色社会主义进入了新时代，这是我国发展新的历史方位，社会主要矛盾已经转化为人民日益增长的美好生活需要和不平衡不充分的发展之间的矛盾，经济也由高速增长阶段转向高质量发展阶段。推动西部地区高质量发展，明确高质量发展目标，形成高质量发展新格局，强化举措抓重点、补短板、强弱项，成为新时代西部大开发的突出特征。

其二，加大对外开放力度。随着互联网技术、基础设施建设以及航空业的快速发展，一国对外开放的前沿不再过多受制于区位特征的限制，以往不沿边不临海的西部内陆省区，有望借助"一带一路"倡议的历史契机，打造成为内陆开放高地和开发开放枢纽，一些有基础、有实力的西部地区城市也将发展成为国际门户枢纽城市。在"一带一路"倡议引领下，进一步加大西部开放力度，形成大开放新格局，是新时代西部大开发的显著特征。

其三，坚决走生态环保和绿色发展的道路。西部地区是长江、黄河的发源地，富集冰川、湿地、森林、草场等生态资源，生态保护和综合治理任务艰巨，绿色产业和循环经济发展迫在眉睫。筑牢国家生态安全屏障，让西部地区发展更具可持续性，让大美西部新面貌得以持久展现，是全国人民的心声和愿望，也是新时代西部大开发的鲜明特征，与大保护的新格局相得益彰。

其四，深化重点领域改革。土地、资源性产品、资本等要素的市场化配置改革，有利于形成多元化、市场化的要素市场，进而提高要素的使用效率，科技体制改革则调动了科研人员的积极性和创造力。坚定不移推动重大改革举措落实生效，体现了西部大开发深化市场改革、通过改革实现体制机制转变的新时代特征。

其五，坚持以人民为中心。新时代西部大开发将从提高教育发展的质量、提升公共医疗服务水平、强化公共就业创业环境、提高社会保障体系的覆盖率、健全养老服务体系、强化公共文化体育服务、改善住房保障条件、增强全民防灾减灾意识和应急管理能力多个方面入手，增强西部地区人民的获得感、幸福感和安全感，充分诠释了以人民为中心，一切为了人民的特征。

其六，加强支持和保障。为了使新时代西部大开发实现更高质量发展、更高水平开放、更可持续发展，政府的政策支持和组织保障不可或缺，差异化的分类考核，针对性的财税金融支持，全面细致的产业、用地、人才、帮扶政策，有力的组织保障，为新时代西部大开发提供了充分的外部条件，体现出党中央、国务院以更大力度、更强举措推进西部大开发形成新格局的决心。

第二节　农村公共产品建设的历史背景

一、"三农"问题成为全面建设小康社会和推进现代化建设的重难点

从党的十一届三中全会以来，我们党开始逐渐加强农业、发展农村，逐步从调整工农城乡关系着手，使农村生产力得到了快速发展，从而使农民生活得到了显著改善，农村面貌也发生了巨大的变化。然而，随着我国工业化、城镇化逐步完善，市场化、国际化进程的加快，以及存在的一些旧体制机制的影响和制约，农村土地、人才等资源的流失也开始逐渐加速，一系列的问题在农村经济和社会发展中开始凸显，需要得到关注和解决。"三农"问题成为国家和社会各界重点的关注对象，例如，农民收入水平低、增长缓慢，农村基础设施不完善，农业基础薄弱，农村教育发展水平相对滞后，文化发展层次低，卫生保障不完善，导致与城市的发展水平逐渐拉大。第十六次全国代表大会提出了全面建设小康社会的目标和任务，要实现这个目标，就需要城乡统筹发展，因此，"三农"问题的解决成为制约实现全面建设小康社会的重要因素。只有农民也走向小康，才会有全民的小康，只有农村开始走向现代化，才会有全中国人民的小康和整个国家的现代化。从全面建设小康社会以及促进社会主义现代化总体目标考虑，中共中央以及国务院把农业、农村和农民问题作为全党和全党工作的重中之重，顺应了历史发展潮流。

二、缩小日益扩大的城乡差距的必然要求

中国作为一个拥有 13 亿人口，其中农村人口占 7.37 亿人的农业大国，从改革开放初期就开始不断从家庭联产承包制等一系列政策开始探索如何缩小城乡差距。回顾历史，家庭联产承包责任制的实施促进了农村生产力的解放和发展。但后来城乡差距不断拉大是因为工业化、城镇化和市场化进程的加快。这种差距表现在两个方面：全方位和悬殊。全方位意味着不仅是农村居民在人均收入上落后于城市居民，而是从社会保障、教育水平、体育文化等生活质量各个层面均与城市有不小差距。悬殊是指城乡经济在发展的各方面差距过大，而且呈不断扩大的态势。城乡差距的扩大不仅不利于农村经济的高质量发展，而且对于构建社会主义和谐社会也产生了负面影响。客观上，三农工作的不断推进，加快了农村经济社会发展，逐步缩小城乡差距，是实现城乡经济社会协调健康发展的必要因素，更是建设社会主义新农村的一个重要方面。

三、适应扩大内需，实现经济持续快速健康发展的需要

扩大内需一直是我国经济得以长足发展的重要战略和基本立足点。中国最可靠，也最持久的经济增长来源就是拥有最多消费者和最大潜力的农村地区。但是，长期以来，农村地区由于发展不充分，收入水平相比城市一直较低，因此购买力水平、消费观念和消费水平都未能得到有效启动，从而导致农村地区内需疲软，客观上影响了农村人口的消费。2005 年，县及县以下社会消费品零售总额仅占 32.9%。因此，尽快扩大内需，尤其是打开农村市场，可以推动我国整体经济快速、健康且可持续的发展。直接有效的打开农村市场的关键点是要尽快增加农民收入，让农民富起来，有充足资金才能带来强有力的购买力，进而有效地开拓市场。党中央提出的建设社会主义新农村，就是农村大力发展生产力和增加农民收入的契机，应利用好各种惠民政策，推动农村经济发展，刺激消费，从而改

善内需不足的现状。特别是，通过对农村地区道路、水、电、气、医药和科学等一系列的基础设施和社会计划的实施，它不仅有助于改善农民的工作、生活条件和生活环境，还有助于吸收过多的生产性产品。

四、我国已经初步具备"以工促农、以城带乡"的条件

在新中国成立之初，百废待兴，我国决定优先发展重工业，而重工业大多属于资本密集型产业，对资金的需求非常大。新中国白手起家，通过以工农业产品价格"剪刀差"的形式，经历了一段实施"农业剩余"转化为实现工业化等一系列的农产品统购统销政策的时期，通过这样的政策安排实行工业化初期的资本积累。也就是说，选择了依靠农业来发展工业的战略方针。这样的模式一直延续到 1950～1980 年的中后期，在此期间，农业一直是推进工业化和城镇化进程中的重要资金来源渠道。直至改革开放 20 多年后，我国的综合国力和经济实力才有较大程度的提升。2006 年，我国的经济总量已经赶超英法两国，位列世界第四位，GDP 达 21 亿元，财政收入 3.8 亿元，占全球 GDP 的 5%。根据这个指标分析，我国就此进入工业化中期阶段。意味着"以工促农，以城带乡"的条件已经初步具备，工业农业之间的关系、城乡关系进入到了转折调整的关键时期，推进社会主义新农村建设的时机已经基本成熟。

第三节　农村公共产品建设的战略意义

一、建设农村公共产品是解决"三农"问题的重大举措

农业是安天下、稳民心的基础产业和战略产业，是国民经济和社会发展的基

础。由于历史问题和资源限制等原因，我国的"三农"问题成为我国全面建成小康社会和全社会共同富裕的重大难题。增加农村居民收入，促进农村繁荣是党和人民的共同心愿。党中央提出建设社会主义新农村，就是增加农民收入、发展现代化农业，培养新型农民的表现。统筹城乡经济发展，实行"多予，少取，灵活放任"和"工业扶持，城市扶持农村"政策，需要通过加大对农村地区的扶持力度，调整国民收入分配方式。对于农业，加强农业基础设施建设，改善农业灌溉，实行机械化和信息化，培养新型农民，促进农业现代化，不仅要提高农业发展速度，也要注重提高综合生产能力，从而推动现代化农业的建设。农业现代化的建设有助于挖掘我国农业发展的潜力，提高农业生产效率和质量，降低生产成本。不仅如此，还有助于增加农民收入、增加农民就业渠道，引导农村劳动力向城镇的有序转移，进而缩小城乡差距，加快全民小康的步伐。建设社会主义新农村目标的提出，充分体现了党中央对我国现阶段发展情况的精准把握和形势评估，是科学发展观的体现，是中国梦实现的必由之路。解决好"三农"问题这个重大历史任务，是构建社会主义和谐社会的重大战略部署。

二、建设农村公共产品是建设农业现代化的必然要求

从国际经验看，现代化建设兴衰成败的决定性因素是能否保持工农城乡之间的协调发展。我们从韩国、日本等成功推进现代化的经验中可以看出，这些国家都成功地平衡好了城乡关系，从而使得国家整体经济得到了健康发展，提前迈入了现代化国家行列。与此对应的是以墨西哥为代表的拉美国家，未能处理好和工农关系，农村的长期集中导致农村居民大量涌入城市，而城市不能提供足够的就业机会，城市中逐渐涌现大量贫困阶级，社会福利崩溃，社会矛盾和经济危机严重阻碍了国家发展。一方面，这些国家的城市和现代城市一样充满了高层建筑；另一方面，贫民和贫民窟比比皆是。国外经验是个深刻的教训。由于中国人口众多，国家的城乡二元结构很明显，应高度重视农业、农村和农民的发展。除此之

外，还要推进社会主义新农村的建设，缩小城乡差距，在工业化和城市化的进程中注重农村发展，使数百万农民在实现工农业均衡发展的同时享受现代化建设的成就，实现具有中国特色的城乡现代化和共同繁荣。

三、建设农村公共产品是全面建成小康社会的重要举措

党的十五届五中全会提出，从 21 世纪开始我国进入小康社会。我们要实现的现代化，是中国化的现代化。党的十八大报告首次正式提出全面"建成"小康社会。从建设到建成，农村的现代化都是实现这个目标的重难点。虽然改革开放以来，中国的城市化建设日新月异，但我国的许多农村地区，仍有许多乡村道路无法通行，没有电视，安全饮用水的问题尚未解决。截至 2006 年底，中国仍然有 7.37 亿农村人口。全面建成小康社会需要重视农业问题，改变农村面貌，改善农民生计。党中央反复告诫全党和全国人民，"没有农村的稳定，就没有全国的稳定；没有农村的小康，就没有全国的小康""越是改革开放，越要重视农业和农村工作"。面对国家发展的现状，社会主义新农村的建设需要成为"三农"工作的指导思想。只有把农村基础设施建设纳入公共财政范围，进一步调整国民收入的分配方式才能有效改善城乡二元结构，缩小城乡发展差距，才能有助于城乡资源的合理分配，有效落实科学发展观和建设社会主义和谐社会统筹城乡、统筹发展。

四、建设农村公共产品是缩小城乡差别，构建社会主义和谐社会的必然要求

构建社会主义和谐社会的根本要求是推进农村经济发展，提高农村居民的收入水平和生活质量，让农民和城镇居民共享经济社会发展成果，进而实现共同富裕。因此，社会主义和谐社会的构建是建设社会主义新农村的基础。为了加快农村的全面发展，包括教育水平的提升、卫生医疗的改善、体育文化的丰富，缩小和城市居民的差距，维护农村居民的合法权益，就要努力打破城乡分工机制，建

设社会主义新农村，为农村居民创造新就业环境，从而减轻城乡矛盾和社会的不稳定因素。这样才能促进农村经济社会的和谐健康发展，使全民共享经济社会发展成果，实现社会公平、正义、稳定与秩序，为农村经济建设和社会主义和谐社会的建设奠定坚实基础。

第3章 延安农村公共产品
提供的现状描述

第一节 延安经济社会发展概况

从地理位置方面来看，延安坐落于陕西的北部地区，介于北纬35°21′~37°31′，东经107°41′~110°31′。延安的东边与山西隔黄河相望，南边分别与咸阳、铜川以及渭南相连，西边与甘肃相接，北边与榆林相连。延安有着便利的交通，从公路方面来说，拥有纵贯全市的210国道和201省道，横穿全市的307和309国道；从高速公路看，包茂高速北接榆林市，南连西安市，纵贯延安南北；从铁路方面看，延安开通了到达北京、武汉等省会城市的省际直达铁路线路，以及到达北京、上海等城市的特快列车；就航空交通来说，延安开通了至西安、北京、上海等城市的空中路线。因此，延安的公路、铁路和航空"三位一体"的立体式交通网络基本构成。

从自然情况方面看，延安位于黄土高原中的丘陵沟壑的地貌中，主要以黄土高原和丘陵的地貌为主，全市呈现西北高而东南低的地势特点，平均海拔在 1200 米左右，南北部均存在沟壑，但不同的是，北部为黄土梁峁，南部为黄土塬，但整体来说，延安市的土层深厚，且以黄绵土为主。延安四季分明，属于高原大陆性季风气候，日照充足，昼夜温差大，年均降水在 500 毫米左右，低于全国年均降水量。延安拥有洛河和延河等 5 条河流，这 5 条河流均为黄河的分支。

就延安的文化历史而言，作为国务院首批公布的历史文化名城，延安是全国优秀旅游城市之一，拥有爱国主义、革命传统以及延安精神三大教育基地。其中，以中华民族圣地黄帝陵和中国革命圣地延安组成的"两圣"，以及黄河壶口瀑布和黄土风情文化为主体的"两黄"驰名中外。而其中，以陕北民歌、安塞腰鼓、剪纸等为代表的民间艺术更是久负盛名，因此，这些都是延安成为西部独具魅力的旅游胜地的主要原因。

就延安的经济水平而言，大力实施能源化工强市、绿色产业富民、红色旅游兴业"三大战略"的延安经济水平持续较快水平的发展。截至 2019 年，全市全年 GDP 为 1663.89 亿元，比着 2010 年的 885.4 亿元，年均增长量为 86.50 亿元。其中，第一产业、第二产业和第三产业的增加值分别为 149.33 亿元、999.85 亿元、514.71 亿元，与 2010 年的第一产业、第二产业和第三产业的增加值的 71.2 亿元、635.5 亿元和 178.7 亿元相比，结构比例从 2010 年的 8.0∶71.8∶20.2，变成 2019 年的 8.97∶60.09∶30.93，这说明，第二产业在产业结构中的比重最大。但值得注意的是，随着第二产业的结构比重下降，第三产业的结构比重提高明显。人均生产总值从 2010 年的 41093 元，提高到 2019 年的 73703 元，年均增长 3623.33 元。其中，城镇居民的人均可支配收入从 2010 年的 17880 元提高到 2019 年的 34888 元，年均增长额为 1889.78 元，农村人均纯收入从 2010 年的 5173 元提高到 2019 年的 11876 元，年均增长额为 744.78 元。城乡居民收入大幅增长。

就主导产业的发展状况而言，延安虽然粮食总产量下降，但以果业、蔬菜和畜牧为主的特色农业产业的产量增加迅速。从数据上看，全市的播种面积从 2010

年的 314.35 万亩减少到 2019 年的 216.54 万亩,粮食的总产量从 2010 年的 82.04 万吨增长到 2019 年的 70.57 万吨。苹果种植面积从 2010 年的 282.78 万亩扩大到 323.65 万亩,产量从 2010 年的 221.52 万吨扩大到 2019 年的 349.8 万吨,苹果产量年均增长为 14.25 万吨,产量增加迅速。蔬菜种植面积从 2010 年的 31.4 万亩增加到 2019 年的 43.2 万亩,蔬菜产量从 2010 年的 88.1 万吨增加到 2019 年的 116.1 万吨,年均增长量为 3.11 万吨。畜牧业中,羊存档数量增加,从 2010 年的 33.38 万头增加到 2019 年的 55.14 万头,但全市肉类总产量从 2010 年的 6.19 万吨下降到 2019 年的 4.57 万吨。禽蛋产量和奶产量分别从 2010 年的 2.4 万吨、0.71 万吨,增加到 2019 年的 2.66 万吨、0.63 万吨,总体变化不大。

就农业的发展环境而言,随着强农惠农和区域扶持政策力度不断加大,中央连续 8 年出台关于"三农"工作的一号文件,党的十七届五中全会明确提出了"在工业化、城镇化深入发展中同步推进农业现代化"的重大任务,"三农"工作作为全党工作"重中之重"的地位不断巩固。因此,在这样的环境下,延安农业的重要战略地位不断地凸显和提升,延安成为陕西省委省政府确定的率先实现统筹城乡发展试点市,以及全国第一个以地级市为单位整市认定的国家现代农业示范区。同时,在国家提出并深入推动的西部大开发战略中,实施的陕甘宁振兴规划,以及陕甘宁蒙的地区开发,深化加强区域的交流合作,都为延安农业示范区的发展创造了良好的外部条件。

因此,综合以上方面来说,延安的特色优势明显,产业基础坚实。经过多年的发展,延安特色农业已有相当的基础,苹果等产业在全国具有一定的知名度。"洛川苹果"荣获中国驰名商标,国家级洛川苹果批发市场启动建设,富县宏佳果贸公司被认定为第五批农业产业化国家重点龙头企业。而延安的延川狗头枣和黄龙核桃等 5 个产品获得了国家质检总局地理标志产品认证。另外,在蔬菜方面,"南泥湾"牌蔬菜和延川红枣等 8 个农产品品牌获得了陕西省著名商标称号。家禽方面,有关生猪的养成示范村已建成 42 个,其中,洛川的百万头生猪大县建设初具规模。延安的蔬菜水果以及家禽等产业的发展说明，延安正向专业化和产业化的方向发展，向现代化的方向发展。

生产优质农产品环境得天独厚。延安土地资源丰富，土质疏松深厚，光照充足，昼夜温差大，具有生产优质农产品的良好条件，是世界最佳苹果优生区。所产苹果、红枣、羊肉、小杂粮等农产品的品质优良上乘，受到了消费者的喜爱。得益于农产品的品质，延川县和黄龙县等分别得到"中国红枣之乡"和"中国核桃之乡"的称号。实施西部大开发以来，延安全面实施退耕还林（草）工程，生态环境有了显著改善，有利于绿色、有机农产品生产。

关键技术模式基本成型。近年来，延安与西北农林科技大学等科研院校开展密切合作，依托国家现代农业产业体系三个延安综合试验站、两个岗位专家以及安塞现代农业科技示范园，开展了大量的新品种试验示范活动。苹果管理"四大关键技术"、蔬菜生产"六大技术"、粮食生产"七大旱作实用技术"、畜牧标准化养殖等先进适用生产技术模式已经成熟。延安还被评为陕西"沼气建设先进市"，涌现出一批"果—畜—沼""菜—畜—沼""粮—畜—沼"等生态农业典型，农村沼气公司式社会化服务的"辰明模式"受到了部省肯定，这些都为国家现代农业示范区建设提供了有力的支撑。

但延安同时又存在着以下问题：

延安的水资源贫乏。延安因为地理位置和地貌的原因，水资源总量较少，年平均降水量低于全国水平，且降水时空分布不均，水分蒸发量大。水资源的缺乏和开发利用滞后，已经成为制约现代化农业的主要因素之一。延安水资源总量为16.5 亿立方米，人均水资源仅为 780 立方米，为全国人均的 1/3，低于国际公认的最低需水水平线。但与较少水资源不符合的是，延安的水资源开发利用仅为总资源的 25%，利用率低下。而延安的降水主要集中在 6 ~ 9 月，其余月份降水较少，且从南向北依次减少，年蒸发量 1200 毫米，是降水量的两倍多。而降水较多的月份中，降水多以暴雨的形式出现，由于集雨设施的缺乏，雨水在大量流失的同时，还会侵蚀土地。因此，延安在发展经济的同时，水资源的消耗也会加大，水资源的问题也越发尖锐，因此亟须发展旱作节水农业，提高水资源利用效率。

基础设施装备薄弱。延安的耕地呈细碎化分布的特点，水肥保持时间较短，容易流失，耕地的水分蒸发量大，耕地中具有旱涝保收高标准的农田面积不足总面积的5%。设施农业的面积小，条件简陋，农业防雹、抗旱、防火、防疫、增雨等防灾减灾体系薄弱，挂果果园具有防雹网的面积不足5%，基础的防风设施也缺乏。而设施农业和园艺仍然依靠人工劳动，缺乏专用机械，比如苹果、花椒和红枣等产业，后期的储藏和烘干等程序的设施装备缺乏。

专业人才缺乏。农业产业在关键技术方面已经基本成型，但目前缺乏专业人员进行推广，也缺乏具有市场和科技意识的新型农民。据统计，农民中仅有48%的人数受过初中以上的教育，仅有0.32%的人数持专业证书。掌握设施农业、生猪养殖、园艺等专业技能的人数更少。其中，有关苹果套袋和采摘等生产环节的熟练劳动力缺口正逐年增加。开拓意识强、懂市场、会经营、会管理的企业家和经营型人才的缺乏，严重制约延安农业产业结构调整和现代农业发展。

种养结合不紧密。目前，由于延安苹果和蔬菜的种植规模的扩大，而畜牧业发展缓慢，使得水果蔬菜行业所需的有机肥料供应下降。由于生产成本提高，水果蔬菜的品质存在下降的隐患。通过数据发现，延安的畜牧业产值仅占农业产值的15%，低于全国水平，其中，洛川果园土壤中的有机质为0.921%，远低于日本等主要苹果生产国家。常规下的种养结合方式已经很难持续下去，传统方式已经不能满足现代农业的发展需要，因此，如何紧密结合种养方式发展循环农业是当下迫切需要解决的问题之一。

第二节　延安农村公共产品建设成效

一、农村水利建设成效

延安水利工作按照"引水兴工，产业转型"的战略要求，努力破解水资源瓶颈制约，在重大水资源配置工程、防洪抗旱减灾体系建设、水保生态文明建设、城乡供水保障体系建设、民生水利项目建设及水利管理改革等方面取得了新的突破与成绩，多年来，累计完成各类水利建设投资 87.72 亿元，为支撑和保障全市统筹城乡、产业转型，推进全面建成小康社会进程做出了积极贡献。

第一，重大水资源配置工程建设取得新进展。"十二五"期间，关系延安经济社会发展大局，支撑延北、延南两大能源化工集群及沿线群众生产、生活用水需求的基础性、战略性重大水源配置工程，延安黄河引水工程和南沟门水利枢纽及配套供水工程建设稳步推进。延安黄河引水工程，前期手续全部办理完成；黄（河）延（安）主线全线于 2014 年 12 月开工建设，杨家山、文安驿、芦草梁和薛家沟 4 条隧洞全面贯通；已完成永久征地 895 亩、临用征地 1196 亩；完成投资 11.5 亿元，占概算总投资的 26.23%。南沟门水利枢纽工程完成了主体工程建设任务，2014 年 12 月 24 日实现下闸蓄水。项目累计完成投资 18.28 亿元，占总投资 19.21 亿元的 95.16%。南沟门水库供水南线、北线工程全面开工，累计完成投资 6.22 亿元，占总投资 11.11 亿元的 56%，已完成总工程量的 60%。

第二，防汛抗旱减灾体系建设迈出新步伐。通过中小河流、重要支流、山洪沟治理、病险水库除险加固、抗旱应急水源工程建设等工程措施与防汛信息化系统建设等非工程措施，进一步提升全市抵御洪水、旱情等自然灾害的能力。多年来，共治理中小河流 37 条、重要支流 3 条，完成投资 109600 万元。完成了富县柳梢湾、延长瓦村等 12 座小型水库的除险加固任务，开展了洛川李家塬与甘泉府君店 2 座小型水库除险加固的施工准备工作。实施了 2014 年延长、宜川和吴起抗旱应急水源工程 4 处，完成投资 6349 万元，下达了 2015 年抗旱水源工程中央补助资金 30210 万元。此外，为适应传统防汛向科学防汛的转变，加大了防汛监测设施建设，5 年累计新建各类水位站 495 个，各类雨量站 1332 个，视频监控站 32 个，乡镇视频会商室 157 个，累计完成投资 12639 万元。

第三，水土保持生态文明建设取得新成效。水土保持生态文明建设以治沟造地及病险淤地坝维修加固为重点，大力开展植树造林、封山育林育草、淤地坝、拦沙坝建设，为建设生态延安做出了重要贡献。2011～2015 年，延安依托国家水土保持重点建设项目、煤油气水土保持补偿费使用项目、巩固退耕还林基本口粮田项目、坡耕地水土流失综合治理工程、水土流失重点治理工程中央预算内投资项目、省级小型农田水利补助资金项目和省级财政水土保持专项资金等项目，全市共计完成治理水土流失面积 5100 平方千米，新建改造基本农田 115.39 万亩，新建和维修加固淤地坝 273 座，其中新修 43 座，加固 230 座，建设各类小型水利设施 1860 处，种植经济林 1.2 万公顷，水保林 5.8 万公顷，封禁治理 7.1 万公顷。5 年共完成投资 23.18 亿元。

第四，城乡供水保障体系建设迈上新台阶。"十二五"期间，延安按照"挖掘潜力、超前规划、分步实施、提高标准"的思路，加快延安城区、各县城、重点镇与新型农村社区及广大农村居民的生产生活用水问题。在缓解延安城区供水压力方面，先后建成了红庄水库延河提升泵站扩容改造工程、西川河应急补水工程和西川河火家塬骨调蓄库工程，进一步提高了西川河应急供水工程的供水保证率，完成投资 1632.21 万元。在县城供水方面，投资 54267 万元，完成了吴起、志丹、子长等 12 个县城供水改造项目的建设任务。农村饮水方面，投资 3.46 亿元，累计解决了 56.65 万人的饮水问题，进一步提升了农村群众的饮水安全水平。共开工建设了 16 个重点镇项目的饮水工程，完成投资 0.94 亿元，全市 100 个新型农村社区的饮水问题通过争取农村饮水安全工程项目全部得到解决。

第五，民生水利发展跨入新阶段。"十二五"以来，全市进一步加大民生水利重点领域投入力度，大搞农田水利基本建设、实施水电站增效扩容改造项目、大力发展渔业经济等，促进农民增产增收和农村经济进一步发展。多年来，全市先后实施 5 批小水重点县项目，累计投入资金 5.23 亿元，建设渠系建筑物 805 座，改造渠系 127.6 千米，建成灌溉水源工程 977 处（眼），建设雨水集蓄利用工程 9390 处，发展高效节水灌溉面积 25.29 万亩。对延安的王瑶、甘泉关家沟、宜川甘草、延长杨家沟、李家湾等 5 座水电站进行了增效扩容改造，完成投资 1303.7 万元，新增装机容量 360 千瓦，达到 3580 千瓦，相应年发电量 1415.81 万千瓦时。全市渔业经济保持较快发展，成为农业经济不可缺少的组成部分，2015 年，全市水产养殖面积 2001 公顷，水产品总产量 3035 吨，渔业经济总产值 5200 万元。

"十三五"以来，延安市委、市政府高度重视农村饮水安全工作，层层抓好落实，主动筹措资金，全力打好脱贫攻坚农村饮水安全攻坚战。2015 年以来，脱贫攻坚农村饮水安全工作成效显著，2015~2018 年，累计投入各类资金 11.1 亿元，建成工程 3082 处，改善和提高了涉及 88.95 万人的饮水问题。2015~2018 年共筹措到位建设资金 75048 万元，其中中央资金 9019 万元，省级资金 18655 万元，市级资金 14941 万元，县级资金 13453 万元，融资贷款 18980 万元。2019 年，延安市又落实中省建设资金 12557 万元，其中中央 4056 万元，省级 8501 万元。截至 2018 年底，全市累计建成农村集中式供水工程 4733 处，覆盖农村人口 147.36 万人，集中供水率达到 89%；农村分散式水井、水窖、引泉 47195 处（眼），供水人口 18.22 万人。全市 693 个建档立卡贫困村、61656 户建档立卡贫困户农村饮水安全已全部达标，延川、延长、宜川 3 个国定贫困县农村自来水普及率分别达到 99.2%、96.5% 和 97.59%，全部达到"摘帽"退出标准。截至 2018 年 8 月，全市 13 个县区运行管理"三个一"制度全部建立，市县两级财政落实维修养护基金 1499 万元，县级农村饮水工程专管机构、管理办法与维修养护基金做到全市覆盖。市政府出台了《延安市农村饮水安全工程运行管理办法》，市财政每年列支维修养护资金不少于 160 万元，全市农村饮水安全工程的维修养护资金人均达到 10 元。农村饮水工程做到有人管、有法管、有钱管，实现了建得成、管得好、不反弹、长受益。

延安宣告退出绝对贫困后，为了确保农村饮水安全不反弹，2019 年，延安市水务局按照"巩固有办法，提升有措施"的思路，把工作的重点转向全力提升保障能力上，今年巩固提升工作主要着力"四个巩固"（水质、水量、方便程度、保证率）、落实"三个责任"（地方政府主体、水利部门监管、供水单位运行管理）责任，深化"一项改革"（深化"三个一"模式，推行"量化赋权"改革），建立"三个体系"（信息管理、应急管理、考核评价），实现"三个提升"（工程质量标准、专业服务水平、运行管理效益），即实施"43133"工程。通过了一系列重要举措的实施：一是加强组织领导，夯实目标责任，全力推进工作进度；二是开展摸底排查，实行"一县一单"精准发力，精细到户；三是多方筹措资金，保障投资需求；四是完善工作机制，强化督查考核，派出"百人督导"包抓组常驻县区，协调解决重大具体问题；五是对照退出标准，严格核查认定；六是建立长效机制，确保良性运行。从当前推进速度看，巩固提升的各项任务完成较好，年度目标能够如期实现。

二、农村公路建设成效

"要想富先修路。"这些年来，延安加快通村公路建设，实行"群众打底子、交通部门铺面子"，即由市、县政府筹措资金组织群众投工投劳完成路基，由省财政按标准给予补助。这样的方式极大地调动了全市建设通村公路的积极性。2017 年以来，延安重点推动农村公路建设，把农村公路建设作为脱贫攻坚的有力抓手，实施建制村通畅工程 1496 千米、县乡公路升级等改造工程 160 千米、通村联网工程 260 千米、桥涵配套及危桥改造工程 18 座、完善工程 1000 千米、安全生命防护工程 1485 千米。剩余 303 个建制村全部通上硬化路，农民群众的出行条件得到进一步改善，全面完成小康社会保底性目标任务，为 2018 年延安在全国革命老区中整体脱贫做好交通保障。市农村公路管理处切实担负起农村公路建设行业监管职责，夯实工作责任，进一步规范农村公路建设管理，加大监督检查力度，提高工程质量，加快建设进度，督促县区落实配套资金，提高车购税资金使用效率。

截至 2018 年 12 月底，宜川县凤蟒路（凤翅山至蟒头山）开通，这是延安最后通车的建制村通村公路，全长 33.8 千米，连通了宜川县秋林镇崖底、咀上、安川 3 个贫困村。至此，延安市 3401 个建制村全部通了沥青（水泥）路。同时，延安市全年农村公路建设完成投资 22 亿元，完成重要县乡公路 11 条，一般县乡公路 16 条，建成 76 个未通畅建制村公路 446 千米。宝塔区还被交通运输部、农业农村部、国务院扶贫办联合命名为全国"四好农村路"示范县。延安建制村、通沥青（水泥）路，全面提升巩固了脱贫攻坚成果，为加快乡村振兴、全面建成小康社会贡献了力量。截至目前，全市农村公路通车里程达到 1.7 万千米，通车里程、通达深度、畅通水平均实现历史性突破。

三、农村医疗卫生设施建设成效

2009 年底，全市有各级各类医疗卫生机构 570 个，其中：综合医院 37 个（私立 10 个），中医医院 12 个，妇幼保健院（站）14 个，疾病控制中心 14 个，卫生监督所 13 个，采供血机构 1 个，急救指挥中心 1 个，结核病防治所 1 个，医学在职培训机构 2 个，乡镇卫生院 172 个，社区卫生服务机构 20 个（中心 6 个、站 14 个），私立专科医院 3 个，个体诊所和医务室 274 个，其他卫生机构 6 个。全市医疗卫生机构有床位 7262 张，卫生技术人员 9887 人，其中执业医师 3299 人、执业助理医师 717 人、注册护士 2869 人。全市平均千人拥有病床 3.46

张、卫生技术人员 4.7 人、执业（助理）医师 1.91 人、注册护士 1.37 人。全市建成规范化村卫生室 1890 个，持证乡医 3037 人。市、县、乡、村医疗卫生服务网络基本健全，并且基本形成了覆盖城乡的医疗卫生服务体系，城乡就医条件得到很大改善，人民群众健康水平稳步提升。

2017 年以来，延安医疗卫生体系在促进健康扶贫方面取得了稳步进展，并取得了一定成效。建立市、县、乡、镇四级中国因病致贫的人口参数，并有专项医务室建设，大病治疗，慢性病管理统一参数，将加快建立规范的诊疗基金，根据服务人口 1000 多人，服务半径不超过 5 千米的原则，延安市计划建成 765 个诊所，830 笔资金，实际上可能需要在 532 个地方进行新的重建。标准化诊所的面积不得超过 60 平方米，并应按照统一标准提供设施和设备。2018 年 7 月，延安组织并举行了乡村医生补充招聘考试，为各县市招募了 237 名乡村医生，以确保每个贫困村至少有 1 位合格的乡村医生。延安将有效减少源于疾病的贫困加剧，将慢性病的预防和治疗作为疾病预防和控制的优先重点，提高健康素养，并确保人们不生病，生病少，以后不再生病。同时，对 11 种严重疾病进行了深入治疗。一方面，相应的援助得到了加强，借助三级城市医院的技术力量，市医院指导县医院，区医院进行手术和治疗，以实现患者和专家的交流，并方便人们附近就医；另一方面，严格控制医疗费用，确定每种疾病的临床途径，确定费用限额，提高医疗保险的报销比例，以减轻医疗病人的负担。此外，还实施了对严重疾病的动态管理和针对慢性病的"1+1+1"合同服务。一个家庭，一个团队，一个人和一个后续计划每月执行一次。对患有严重疾病，丧失工作能力，家庭中有很多人患病的人，民政部门应根据有关规定进行费用的保证。

目前，100％的登记贫困人口由基本健康保险覆盖，同时 100％的严重疾病保险覆盖；通过基本医疗保险，重大疾病保险，民事救助和生活补助政策的整合，突破了医疗、社会福利和民政三大系统障碍，实现了市、县、乡镇病人一站式实时出院解决方案。延安发行了 20 万张卡，用于延安农村贫困人口的医疗报销和援助。出版了《延安健康扶贫政策》，发行 6 万多份，并举办了有关健康扶贫政策的培训课程。贫困人口对健康扶贫政策的认识率基本达到 100%。目前，全市已全部建成并通过验收 532 家诊所，达到了覆盖贫困村所有标准化诊所的目标。全市 435 例重症病例中有 413 例已治愈，治愈率达 95%。同时，已与 10338 个慢性病贫困家庭签约，占总数的 100%。

四、农村义务教育建设成效

2018 年以来，市教育系统围绕普惠性幼儿园占比 78% 以上和"超大班额"班级数占比 3.89% 以内两项省考指标，全面加快公办幼儿园和普惠性幼儿园建设，有序实施幼儿园分类定级工作，圆满完成了省考指标任务。在改善办学条件方面，延安积极实施中省六大类教育项目，争取中省教育项目 176 个，涉及学校 158 所，资金 3.4 亿元。加快延安城区学校建设，新建、改扩建学校 27 所，增加学位 10690 个。各县区加大自主项目建设力度，全年累计投入 7.15 亿元，新建中小学幼儿园 12 所，新增学位 8880 个。同时，义务教育均衡发展取得实效，全市 12 个县区通过国家义务教育基本均衡县评估认定和省政府"双高双普"验收，甘泉县通过中省评估验收。

2019 年以来，延安城区新建、改扩建学校 27 所，增加学位 10690 个。各县区加大自主项目建设力度，全年累计投入 7.15 亿元，新建中小学幼儿园 12 所，新增学位 8880 个。2019 年 6 月底前，分县区做好学校布局，加大各县城区学校建设力度，根据乡村学龄人口变化合理调整或新增乡村学校及教学点。在教师队伍建设方面，市教育局实施了"百千万"人才培养工程，遴选储备校长后备人才 547 名，年度考核淘汰 55 名，补充 78 名。全年培训校园长 983 人，评选市级以上骨干教师 505 名，通过国培省培和市培项目培训教师 1.1 万余人。全市省、市级三类骨干教师累计达到 1785 名，建设省级教师工作室、坊、站 88 个。在培养优秀教师的同时，加大了教师补充力度，全市共招聘教师 1647 名（公费师范生和教育类硕士研究生82名，公开招聘555名，特岗教师1010名），实现特岗计13县区全覆盖。除此之外，县区义务教育学校教师校长交流轮岗1023名，占符合交流轮岗条件教师总数的13.6%。与此同时，开展了"师德师风建设年"活动，推行师德考核"负面清单"制度，并以市委、市政府名义表彰全市师德模范和名优校长教师52名，协调争取国民信托有限公司设立"优秀乡村教师奖励慈善信托"基金。

五、农村信息化基础设施建设成效

近几年来，延安农村信息化发展较快，在农村农业信息化建设方面，尤其是三农信息化重点工程方面，取得了重大成效：

（一）农村信息化公共服务平台

整合现有公共服务资源，构建涉及农业咨询、政策咨询、农保服务等面向新型农村社区的公共服务平台。鼓励农民通过平台获取技术咨询、远程教育、医疗卫生、社会保障和村务公开等综合信息服务。

（二）农业生产管理平台

以物联网、大数据、云计算、移动互联等技术为支撑，建立农业生产管理平台，实现农产品溯源管理和全程监控，推动农产品标准化、专业化生产。依托延安现代农业示范园和优势农产品基地，建立物联网和精准农业试点，探索信息化在农业资源环境监测、生产过程管理、农产品质量安全监管、农产品物流等方面的推广应用。着力打造延安"生态农业""智慧农业"的品牌模式。

（三）农产品电子商务平台

由延安市电子商务协会牵头，搭建延安农产品电子商务平台，积极谋划"农副产品上网"工程。线上销售洛川苹果、延川红枣等延安特色农产品，并逐步推出剪纸、农民画等特色手工艺品。引入专业运营公司进行品牌包装和营销推广，提升延安特色农产品知名度。加强与农业生产管理平台的对接，及时发布农产品生产动态信息，实现相关农产品网上推介展览功能。加强与市场的同步对接，实时发布销售市场行情的动态信息和供求信息，实现产销信息对接。加强物流等支撑体系建设，逐步实现农产品包装和运销标准化、品牌化，促进延安名优产品的网上交易。

（四）数字化城镇示范工程

积极推进省级数字化城镇试点建设，培育 5 个重点试点镇，促进人口管理、办公自动化和农副产品网上交易，完善城镇功能。

第三节　延安农村公共产品建设存在的问题

一、农村水利建设存在的问题

经过多年的不懈努力，延安水利建设取得了显著成效，有效支撑和保障了全市经济社会的可持续发展，但与中央新时期治水思路和全面建成小康社会，以及加快建设"三个延安"的要求相比，还存在一些薄弱环节。

（一）水资源需求问题依然突出

延安水资源的需求矛盾依然突出，存在资源型缺水和工程性缺水的问题，除此之外，还有水质性缺水。全市水资源总量 13.35 亿立方米，人均 612 立方米，仅为全国人均量 2200 立方米的 29%，全省人均量 1300 立方米的 53%，远低于国际公认的人均 1000 立方米最低需水线。全市年均降水量为 473 毫米，时空分布不均，降水多集中在 7~9 月，全市 40 座水库，供水能力仅为 0.63 亿立方米。由于缺少控制性骨干水源工程，水资源开发利用滞后，水的调节能力差，水资源开发利用率仅为 12%。全市地表水、地下水受到不同程度的污染，水质恶化，加剧了水资源的短缺。主要缺水地区和行业是能源化工园区和城镇生活、生产用水及生态用水，城镇供水安全、工业用水安全、水生态安全问题突出。水资源的供需矛盾，不仅对人民的生活造成不利影响，还严重制约着经济社会的可持续发展。

（二）洪涝灾害防御体系仍不完善

延安及各县区多数重要城镇、工矿区依河而建，病险库坝较多，暴雨山洪突发性强，防汛任务艰巨。主要城镇设防标准普遍偏低，延安城区防洪标准仅为30 年一遇洪水标准，多数县区、重点城镇及工业园区仅为 20 年一遇防洪标准，抵御洪水灾害能力明显不足。早期建成的堤防工程标准低、水毁失修段较多，城区冲沟涵洞泄洪不畅，山洪问题突出，人为侵占河道现象严重。防汛管理资金不足，已成堤防工程不能完全发挥应有效益，部分河道淤积严重，得不到及时清理。防汛"统一指挥、分级负责、部门协作、反应迅速、协调有序、运转高效"的应急管理机制尚需进一步健全。

（三）水土流失防治任务依然艰巨

由于处于黄土高原的腹部地区，黄土高原的水土流失严重，也使得延安成为黄河中游水土流失最严重的地区之一。全区水土流失面积为 28773 平方千米，占总土地面积的 78.37%，年入黄泥沙 1.96 亿吨。区内梁峁起伏、地形破碎、土质疏松、植被稀疏、暴雨集中且强度大是造成水土流失的自然因素和根本原因。不合理的水土资源开发利用模式和耕作方式，以及生产建设活动，都会加剧土壤侵蚀程度，造成新的水土流失。近年来，煤油气综合开发和基本建设不断加快，给本已脆弱的生态环境带来巨大压力。

（四）水生态环境仍未根本改善

近年来，随着延安经济发展的加快，石油、煤炭的大规模开采，工业和生活废水废物的排放量的加大，延安的多数河流受到了不同程度的污染。而监测数据显示，延安全市的 13 条主要河流的 42 个水质断面（总监测河长 1390 千米，约占延安市境内河长的 80%）中：延安市境内没有 I 类水质的河段；II 类水质河长 15 千米，占 1%；III 类水质河长 459 千米，占 33%；IV 类水质河长 256 千米，占 18%；Ⅴ类水质河长 471 千米，占 34%；劣Ⅴ类水质河长 190 千米，占 14%。全市河流等于或优于Ⅲ类水质的河长仅 474 千米，占 34%。境内 2/3 的河长受到了不同程度的污染。

（五）水资源高效利用体系仍未形成

目前，延安的一些工业企业对水资源的利用效率低下，比如，一些工业企业的用水技术和设备相对落后，更有些企业尚无配套节水措施。污水处理和再生水刚刚开始，水资源的回收率仍然很低，工业用水的重复利用率不到 50%，只有电力和石油工业存在少部分的重复利用水资源的情况，其他企业大部分并没有重复利用水资源，特别是一些中小企业。现有农业节水灌溉面积少，原有灌区工程老化，斗渠以上渠道衬砌率不足 50%，农业的灌溉水利用系数和效率低下，水资源损失较大，平均利用系数小于 0.5。而城镇用水也存在着众多问题，节水设施使用率低，主要在于推广的力度较小，节水器的应用处于起步阶段；城市的管网存在跑、滴和漏问题，且十分严重，多数的县区自来水供水系统中的水资源损失达到 20% 以上，有些甚至达到 45% 左右；居民的用水粗放，水资源的浪费问题也很显著。

（六）民生水利发展基础依然薄弱

基本农田建设任重而道远。受立地条件和投入限制，全市农民人均基本农田仍未达到 2.5 亩，北部许多地方甚至不足 1.5 亩，且乡与乡、村与村之间的分布也很不平衡；农田标准普遍较低，水毁严重，地力逐年下降，亟待改善提高。中小型灌区工程设施老化严重，投入减少、管护不善、效益低下，实际灌溉面积逐年减少，靠天吃饭的困境还没有根本摆脱。农村饮水安全方面，部分已建工程标准偏低，设施老化，需要进行修复配套和改造提高，农村饮水工程不巩固、易反复的问题依然存在。

（七）水利发展长效机制仍未形成

近年来，延安水利改革发展不断取得新的成绩，但水利发展的长效机制仍未形成。涉水事业行业分割管理，各部门、单位之间职能交叉、条块分割、多龙治水，没有实现一体化。水资源市场优化配置机制和调配网络尚未建立，严格的水资源管理制度有待进一步落实，水生态文明建设的制度体系尚未全面形成，生态补偿机制有待进一步完善，河湖岸线利用管理尚待进一步规范。水利市场化程度不高，筹融资能力不强，投融资渠道单一。此外，水利政策法规体系、科学研究和技术推广等方面，还存在不少体制机制制约因素，亟待突破。

二、农村公路建设存在的问题

（一）缺乏足够的管理资金

在我国的改革开放政策下，延安社会经济水平有了很大提高，农村经济也有了很大发展。一些地理位置优越的农村地区已完成了乡村道路的建设，并已通向所有村庄。但是，由于偏远的乡村，道路施工比较困难，而且施工路线很长，需要花费大量的资金才能完成建设，而地方财政收入数量不多，建设困难，甚至不能提供农村公路建设资金，更不用说公路养护的后续工作了。此外，偏远的农村地区，道路在自然灾害（如大雨）之后遭到严重破坏，需要大量资金来修复这些受损地区。

（二）管理缺乏规范性，养护不到位

在一些农村公路养护过程中，一些公路养护企业的养护体系不健全，企业的组织结构不够严谨，导致公路养护过程缺乏规范，相互之间缺乏联系。各个部门无法进行有效的合作与沟通，结果导致农村公路管理过程无法满足现代管理的要求。管理过程中存在很多漏洞，许多业务流程缺乏专业性，因此亟须完善现代农村公路建设管理体系。具体表现为：

（1）主体的责任未得到履行。养护制度的改革清楚地表明，各级人民政府是农村公路养护和管理的责任主体，这是分工定位的重大变化，目前延安尚未整理完毕，其主要职责未得到充分履行。

（2）未实行管养分离。农村公路养护管理体制改革中，养护机制和功能调

整，县交通局仅承担管理职能，未具体实施养护，养护管理方式不再适应新的功能要求。因此，必须根据改革发展的需要，探索新的监测方式，认真落实"县道县养、乡道乡养"的主体责任。

（3）未引入竞争性激励机制。单一维修方式，导致维修服务资金的效率不高，依靠维修站运输进行单一维修，不仅增加了维修成本，而且资源不足，使管理层成为维修基金支出的"盲点"和"千篇一律"模式，存在管理上的问题。因此不能有效地唤起维修人员的积极性，且由于维修资金管理不善等原因，维修效果不明显。

（4）单一资金来源。由于支持地方财政资金困难，保护资金投入严重不足，无法有效地进行保护。尽管已经明确了养护制度的改革，"县级7000元/千米，乡级公路3500元/千米，村级公路1000元/千米"，省级的维修资金补贴比以前有了很大的提高，但如果没有其他来源的少量维修和保养资金，省的大中型工程公司将很难对农村公路进行充分的注资，这影响了延安农村公路的整修过程，改革的道路质量无法达到预期的效果。并且，由于大部分农村公路的里程统计未被列入省内，没有省补养路费，造成养护资金缺口大。

（三）农村公路建设技术标准过低

农村复杂的地理环境比市政道路困难，在农村道路建设中，除了要考虑耕地，还要考虑河流对农村公路建设的影响，以及农村土地利用的制约因素，大部分农村公路只能沿着土路或碎石路建设，因此，在路线和施工计划上受到很多限制，特别是在技术标准方面，很难达到公路建设标准。许多农村公路属于四级左右，连接每个村庄的道路宽度约为3.5米，这使得驾驶困难，并带来许多安全隐患，因此需要更多的重建工作。另外，由于管理不善，农村公路的实际建设标准低于设计标准，进一步影响了道路通行能力。

三、农村医疗卫生设施建设存在的问题

（一）医疗服务人员匮乏且专业素质较低

作为基础医疗服务的实施者，医疗服务人员的数量和专业水平将直接影响农

村诊所实施基础医疗服务前后的诊断，从而影响农村医疗服务的质量。根据统计数据，延安农村诊所医务人员存在以下问题：

（1）性别和年龄失衡。根据调查数据的统计结果，被调查村诊所的医务人员主要是男性，男女之比为 2.62。从年龄结构上看，年龄段主要在 40~50 岁，占 36.17%，而 50 岁以上的年龄段占 31.92%，表明年龄结构相对较大。

（2）人员不足的医疗服务。根据调查数据的统计结果，在被调查村庄的诊所中，医务人员在职人口为 1~2 名的，比例为 78.72%。它平均服务 1000 名农村居民。根据 2015 年的统计公报，根据延安有 2528 名乡村医生和医护人员的数据，全市常住人口为 223.13 万人，城市化率为 57.32%，计算得出的延安目前有约 96 万农村居民，平均每千名农村医生和农村居民的医务人员为 2.6，而 2015 年全国农村卫生技术人员中，每千人口拥有（辅助）从业人员，注册护士的人数为 3.9、1.6 和 1.4。在这里，我们将这三类人称为农村医生和卫生工作者。2015 年，中国每千名农村居民中有此类人 6.9 名，是延安的 2.7 倍。调查数据或官方数据显示，延安农村地区的医护人员数量远远不够。

（3）医务人员的一般教育水平和专业水平不高。本科以上学历的医务人员比例分别为 8.51%、57.45%、25.53% 和 6.38%。根据 2015 年《健康统计公报》，中国 30.6% 的卫生技术人员具有本科以上学历，38.9% 的卫生技术人员具有大学学历以上，28.2% 的卫生技术人员具有中等教育学历，2.3% 的卫生技术人员具有高中以下学历。

（4）从专业资格的角度看，被调查的乡村诊所的医务人员主要是乡村医生，有些医务人员没有专业资格。专门从事中医的医务人员相对较少。

（二）基本药物严重短缺

我国于 2008 年开始推行基本药物制度，现已公布的国家基本药物种类包括化学药品、中成药共 307 种。基于使基层医疗机构获得足够基本药物的目的，陕西省政府在国家基本药物种类基础上另外增加了 191 种基本药物并规定政府办社区卫生服务中心、乡镇卫生院配备使用基本药物种类数不低于机构所含药品总数的 70%，基础医疗卫生服务机构中的社区卫生服务站、社区卫生服务中心和村卫生室不低于所拥有的药品品规总数的 80%。但调查问卷的数据统计显示，延安各村卫生室所拥有的基本药物种类 74.47% 在 100 以下。可见，延安各村卫生室所拥有的基本药物种类远远未达到国家标准及陕西省关于基本药物种类的规定标准。

（三）基础医疗设备配备不足

卫生部指定了 11 种基本设备，包括诊断床、听诊器、血压计、排污桶和高压灭菌器设备，以及与诊断和治疗主题相对应的其他设备。2007 年，卫生部和国家发改委联合发布了《中央预算内国家专项资金建设农村诊所指南（国债）》，确定了 33 种农村诊所设备。在延安村诊所的实际调查中，这 13 种医疗器械配备最高的是 13 种，最低的是 5 种，平均为 9.6 种。其中，分布率低于 80% 基本设备是诊断床、处理台、消毒锅、返回箱、无菌柜和冷藏袋，与相关国家政策和文件规定的设备相差甚远。

四、农村义务教育建设存在的问题

（一）义务教育资源投入不足

1. 经费投入不足

中国作为世界上发展最快的发展中国家，经济水平发展迅速，作为拥有 13.68 亿人口（2014 年）的国家，中国的人均 GDP 与发达国家人均 GDP 在数值上相差较大。其中，统计数据显示，中国在 2014 年教育经费数值仅为 GDP 的 4.15%，这说明，我国整体上教育经费的投入和经济水平的发展速度不符，并且由于人口众多，人均教育经费资源数值更是低下，这已经严重妨碍了我国在全国教育事业上的发展。一般来说，教育水平的高低会对经济的发展水平产生影响，但同时，经济水平也会限制教育在财力、物力和人力等资源的投入，从而影响了教育水平的未来发展。目前，虽然我国已经成为世界第二大经济体，但在教育方面的投资速度却低于经济的发展水平，因此，缺少经济保障的教育行业在发展中会受到很大制约，所以，有必要结合经济水平增加教育方面的投资。

一个区域内，如果经济发展水平不统一，经济结构和形式也不同。中国目前对义务教育经费的投入与当地经济水平直接相关。而教育经费投入水平和经济发展水平的失衡，会严重影响该地区的义务教育的发展。延安位于我国的西部地区，与全国水平相比，该地区的经济发展较差，经济水平低于全国水平，教育方面的投资主要来自地方正度的财政水平，因此，延安在教育方面的投资随之低下，财政拨款不能满足教育的需求，使得该地区的教育水平受到较大影响。其中，主要存在四个方面的问题：第一，由于教育经费的相对不足，使得县区的教育资金尤为紧张，经费缺口较大；第二，教育经费相对不足，低于东部发达地区投入的教育经费；第三，由于人口因素和经济发展水平等客观因素，每个县的教育经费有差距，使得该地区的教育经费不平衡；第四，由于教育和管理的结构缺陷，各区县在幼儿园、义务教育以及高中等多层次的教育中存在不合理的拨款等问题，比如，分配资源时，各区县会偏向于高中和职业高中等，而应同样受到重视的义务教育则重视度较低。由于我国义务教育主要由政府供给，并非市场机制，因此较难吸引投资者的投资，而延安的教育经费也主要依靠地方政府的财政供给，筹款渠道较为狭窄，经费水平受财政收入和财政分配的限制，且教育经费的增加幅度缓慢，无法满足现在的教育需求，特别是在一些经济水平比较低的县里，教育经费的缺乏无法在短期内得到改善。

2. 义务教育的师资不足

教师作为知识和学科的传播者之一，在知识的传播中起着至关重要的作用。但现实情况是，从事义务教育方面的教师存在数量不足的问题，且专职教师的短缺和合格率的低下，严重影响了义务教育中的整个环节，影响了班级的扩大以及学生规模的扩大，进而影响了教育的质量和数量。在解决义务教育的师资力量不足的问题时，学校聘请许多兼职教师来完成基本的教学任务，结果使得教育质量下降。在教育改革中"撤点并校"政策的实施，学校的变动和合并，学校的学生数量加大，但有限的师资不足以教育众多的学生，在这个过程中，也涌现了一些私人教师，但这些私人教师中有些达不到教师的教学标准，教学质量堪忧。

目前，义务教育的教师总体数量在下降，下降的原因主要在于新任教师少于离任教师。一方面，由于延安位于中国西部，总体的经济能力低于全国水平，经济的竞争力不强，因此，延安在吸引人才方面能力不足，使得吸引教师类的人才数量更是少之又少，无法吸引有丰富经验的优秀教师，教师数量缺口大，相对的，教育的质量和数量逐年下降。另一方面，教师人才流失严重。一些义务教育的教师因为薪资待遇和生活质量等各种原因选择跳槽，这些教师大多数是经验丰富的优秀教师，使得教师数量下降和教学质量下降，因而影响了义务教师的整体素质。

（二）义务教育资源配置不合理

城市化的进程在很大程度上影响了我国义务教育的资源配置。我国目前处于城市化的进程中，城镇化率逐年提高，我国城镇常住人口约 54.77%，但与发达国家的 80% 相比数值仍然很低，因此，我国未来仍会有大量的人口涌向城市，我国的城镇化水平会继续提高。而随着大量人口的流动，大量的人才资源和资金也会涌向城市，因此伴随着城市的建设和发展，政府的政策和资金也会向城市倾斜。虽然延安的城市化水平低于全国水平，但未来，也会有周边的大部分人口涌向延安。随着经济发展水平的提高，产业结构和技术不断升级变动，传统农业的比重会逐渐下降，更多的剩余劳动力将从农村涌向城市，需求更多的就业机会，追求更好的生活环境和生活条件，寻求更好的医疗保健和社会保障。这些巨大的优势吸引了各行各业的人才涌向城市，而大多数优秀的教师也会优先考虑城市就业。因此，在城市化趋势的影响下，义务教育资源也逐渐涌向城市。在广大的农村地区，由于人口的减少，农村地区的撤离以及农村资源向城市的转移，义务教育优质资源越来越稀缺。在城市化进程中，发达的城市地区将受益最大。在中国的东部和西部，义务教育资源不平衡。在这种情况下，义务教育资源将与同一地区的经济发展水平同步，贫困地区的教育资源将更加匮乏。缺少硬件和软件将导致恶性循环，贫困地区的教育分布将不均衡。延安并非区域中心城市，缺乏对周围地区的中心辐射能力，影响较小，因此人才流失，进而导致与中心城市的差距会继续拉大。

五、农村信息基础设施建设中存在的问题

（一）硬件设施整体水平相对落后

近年来，虽然陕西有关农业的网站已经有300多家，但在权威机构发起的2004年中国农业网站100强大型评选活动中，跻身"中国农业网站100强"行列的陕西农业网站只有"陕西农村经济网"一家，缺乏大型的有知名度的优秀农业网站，与整个发展的主流不成比例。因此，优秀农业网站缺少，不能满足农民的信息需求。而且大多数的农业网站的规模较小，没有统一的标准和形式，使得多数的农业网站的来源和内容混乱，真实性受到质疑。同时，多数农业网站的信息存在重复现象，创新少，缺乏本地特点，本地的农户能收获的有用信息少。多数的农业网站由于规模小，没有专门的维护和维修人员，使得信息传递不及时，信息传递不畅。有些网站的内容更新缓慢，甚至有的网站内容还是2004年的。信息更新的迟缓，使得农户收获的有用信息较少，缺乏时效性，农户也无法从网络中获得较为及时的市场信息和技术信息。而这种情况也使得农户的期望不高，农业网站的需求低下，农业网站的建设激励性低下，因此，也形成了恶性循环。

（二）硬件使用费用过高

在信息基础建设中，很多农民面临着信息费用过高的问题，且超过了他们的承受范围，其中，上网费用过高是限制农民使用的主要问题。调查显示，陕西电信目前上网费用为960元/年，网速为10M，陕西联通价格相对较低，为720元/

年，但网速只有 1M，陕西移动的网络费用更高。这些明显较高的网络费用，让想获得信息的农民望而却步。

（三）软件设施不健全，基层人才队伍不稳定

延安在乡镇的信息服务站软件设施较少，没有规范的组织和结构，没有财政支持做保障。从信息服务基础设施的角度来看，造成这种现象主要是由于农村税费改革和农业税的取消，使得基层单位的收入减少，因此在乡镇的信息服务站投入的资金较少。值得注意的是，由于资金短缺、设备不足、人员缺乏、补偿额度较低和日常运营的维持成本等因素，部分乡镇的信息服务质量低下。此外，仍然有一些行政村镇无条件建立信息服务站，因此，在村级信息服务点的建设上，延安还有很长的路要走。从人才队伍建设的角度看，延安从事农业信息技术的人员存在缺口，其中有着专业技术的人员数量更少，并且，在信息技术化的现代，缺乏同时具备年农业科学和计算机的复合型人才，使得延安在农业信息技术发展和建设时遇到较大的困难和阻碍。就信息服务团队而言，团队人员的科技和信息主要依靠于科技下乡活动和信息下乡活动，科技信息的获取渠道单一且薄弱。截至目前，延安的许多乡镇以下的农村地区还没有稳定的信息服务团队，而已经建设的信息服务团队的素质参差不齐，缺乏有效的培训，专业技术人员数量不足，这些因素都影响了延安在全市的信息服务设施的建设。

第四节　延安农村公共产品建设存在问题的原因

一、农村公共产品供给的内在矛盾

（一）需求扩张与供给不足的矛盾

延安农村公共产品需求扩大。国际经验表明，人均国内生产总值介于 1000～

3000 美元，该时期的人民对公共物品的需求快速增长。截至 2019 年，我国人均 GDP 为 10713.62 美元。根据公共物品发展的规律，这一时期的现代化是以服务型公共物品为基础的。中国正进入公共产品需求的大幅扩张时期，这也是延安农村地区的趋势。人们对食物和衣服的需求已开始部分转向对社会公共服务的需求，例如教育、保健和卫生。而且，随着人民收入水平的提高，私人产品的边际收益率下降，而公共产品的边际收益率上升，农村公共产品的总需求增加。另外，随着社会和农村经济的发展，农民对公共物品的需求是多样化、多层次，实用、安全和可以接受的。

在巨大而多样的需求面前，农村公共产品的供给却严重不足。国务院发展研究中心对农村公共服务的农户问卷调查表明，农村公共服务的主要提供渠道有政府、市场与农户自身等。我国农村公共服务主要由农户自身提供，在所有提供方式中占 52%，通过政府及其职能部门这一渠道提供的服务，占 17%，其余的公共服务则由村集体及协会、企业等组织提供。从这个调查可以看出，农村公共产品的提供渠道较为单一，除了农民自身以外，其他渠道包括政府在内所提供的公共服务都十分有限，无法对农民生产生活产生较大的作用。然而，只依靠农民自身来提供其所需要的公共产品，作用有限，而且有很多公共服务仅仅依靠农民自身是解决不了的，例如农田水利建设、科技水平发展以及畜禽疾病防治等，这些规模大利益小的公共产品只有乡镇政府或者农村集体才能实现。因此，在农民对农村公共产品建设的需求日益扩大时，农村公共产品的供给严重不足。

同时，长期以来，财政对于公共产品的投入与建设大多集中在城市，主要满足城市居民的需求，而对于农村的投入却较少，农民因此不能充分享受财政提供的公共产品。2003 年，农村居民消费支出增长最大的是交通和通信，其次是医疗卫生支出，表明农民对运输道路和医疗卫生公共物品的需求增长迅速。延安每千名农村居民中只有 32.9% 的医院床位。最低生活保障制度从 1997 年开始逐步建立。到 2002 年 5 月，获得最低生活保障的农村人口仅约占延安农村贫困人口的 1/10。享受最低生活保障的是丧失了工作能力的大部分五保户，例如，残疾人等，这种最低生活保障具有社会救济的特征。除此之外，医疗和药品价格是根据城市标准确定的。然而城镇居民的人均收入远远高出了农村居民的人均收入，农民很难负担根据城镇居民的生活水平制定出来的药品价格及相关医疗费用，因此农民"看病难、买药贵"的问题渐渐出现。由于几十年的"城乡分离和一国政策"，建设重点主要集中在城市，政府对于农村公共产品建设的投入资金有限，因此大多数农村的公共产品的供给严重不足。

（二）传统供给模式导致的公共产品供求结构失衡

延安农村公共产品在决策机构上是自上而下的，这种供给模式沿袭着生产队时期的做法，大多由各级政府按照自己的意愿提供，很少考虑农民的实际需求，农民缺少实质性的参与；在成本分摊上，物质成本来源于乡镇的制度外财政收入，税费改革前是"三提五统"，税费改革后主要是"一事一议"收费。这种自上而下的供给决策机制直接导致了供给与需求的脱节，严重影响了供给效益。另外，物质成本的分摊方式存在严重的非累进机制，导致低收入者承担了更多的成本，农村公共产品水平更低。在这种供给模式下，乡镇政权对于乡镇的经济建设、社会发展等诸多职能承担着大部分的责任，因此对于农村公共产品的建设会力不从心。除了乡级政府的财政投入，其余的供给方式比如农民自己筹资建设的方式虽然占比较大，但作用却很小。这既加重了农民负担，又由于这种自发的筹资数量的有限和自上而下的供给决策机制特征所导致的管理、使用上的不规范，使这些公共产品的建设的使用效率低下，起不到相应的作用，甚至大多未被用于农民迫切需要上。

农村公共服务的选择权主要在基层政府及其职能部门，基层政府作为一般组织具有独立的利益，追求经济利益和政治利益的双重目标。它所追求的目标与农民的要求并不完全一致。为了达到其目标，农村公共产品的需求由基层政府自上而下做出决策，而不是由村民自下而上决定，所以，供求之间并不对称，农民的需求无法有效表达。因此，财政对于公共产品的供给有一定强制性的特征，同时对农村公共服务的供给缺乏有效的监督机制。

长期以来，这种自上而下的供给决策机制决定了农村公共产品的强占性、统一性、主观臆断和成本平摊，难以正确反映农村公共产品的需求状况，"不足"与"过度"同时存在。在许多公共服务领域，接受服务者做出决策的能力相当有限，常常不是实际的决策者，导致真正决策者做出的决定与真正需求者的需求之间存在矛盾，即"合约失灵"。在政治目标最大化和经济利益最大化的激励下，对于一些官员政绩的"面子性"公共产品，往往会与农民实际需要的公共产品出现矛盾。而同时，农民急需的生产性公共产品和对提高农民素质和农村的可持续发展具有重大意义的公共产品供给不足，如农业新技术、灌溉设施、大型农用机械、农村教育、医疗卫生、环境保护等，这种供给短缺不仅影响到了农业生产的发展，增加了农民的负担，不利于农村社会经济的整体发展，而且直接威胁到国家的长治久安和经济的快速、持续发展。

（三）部分公共产品供给过度市场化趋势

部分公共产品供给存在过度市场化倾向。在一些地区，例如公共教育、医疗服务等这些关乎农民福利的公共产品本应由政府提供，现在却被推向市场，市场成为了提供这些公共服务的主要渠道。市场是一种有关人的选择和人的行为的制度安排，其规则最大限度地顺应了人的天然的逐利动机。市场经济中的所有消费者和厂商都是理性经济人，在资源稀缺的条件下，面对预算约束选择最大化自己利益的行为。20世纪80年代以来，中国农村在医疗卫生系统改革中，推行过度市场化的政策，公共财政对于医院的补助实行差额补贴。这种拨款方式使得医院负担较重，逐渐变成盈利机构，甚至出现医生把医疗检查当作可以盈利的商品，为了业绩而开高价处方以赚取利润或者让患者过度检查的现象，进而导致看病难、买药贵，加剧了医患矛盾。

（四）部分公共产品供给转嫁基层政府化倾向

在实践中，由于长期的"城乡分治"制度安排，中国中央政府和地方政府对农村公共产品的供应责任不合理，因此应由政府提供更高水平的公共服务产品由政府下放，通过政府权力转移最终将落到乡镇政府和农民手中，由农民负担。例如，基础教育、民兵培训和国家其他公益事业目前主要由乡镇政府和村民承担。结果，乡镇政府的权力大于财务权力，无法负担和提供农民所需的公共物品。一般而言，教育支出是由中央和省级政府管理的。但是，长期以来，中国的公共教育资源过于偏向于高等教育，义务教育的责任已下放给县乡政府。由于延安大多数县乡的财政困难，乡镇的大部分财政收入都来自农民，这使得义务教育经费落在农民头上。自从 1999 年农村税费改革以来，基层义务教育变得越来越难以维持。县乡政府承担了义务教育费用的近 70%，许多乡镇仅承担教师工资就占其财政总支出的 60% 以上。如此沉重的负担会导致大多数农民几乎没有享受任何公共物品，例如水和天然气、公共下水道、路灯、公共汽车、卫生和防疫、污水处理和美化环境，甚至享受义务教育这种依法保障的公共物品，也受到了严重破坏。

二、农村公共产品供给的资金不足

社会主义新农村建设包括农业现代化发展、农村基础设施建设、农村县域经济发展和农村城镇化建设、农村流通体制发展、城乡一体化发展等方面，公共产品的供给问题都体现在这些建设发展中，公共产品的充足供给需要资金作为支撑。作为欠发达地区的延安，在新农村的建设中，农村的基础设施建设、县域经济发展以及地区特色经济发展中的重要内容，关键是民营经济发展。按照过去的经验，农村投入资金中财政资金和信贷资金以及社会资金的比例情况，即使政府财政资金在公共部分投入加大，但新农村中的建设资金大部分仍来自以涉农银行为主的金融机构。

（一）正规金融机构与农村经济发展"脱离"

据调查统计，作为政策性金融组织的农业发展银行，仅在粮食收购方面发挥了作用，而国有商业银行与农村经济的发展关联不大，基本上呈脱离关系，即机构脱离、贷款脱离、资金抽离。

（1）在延安的乡镇国有银行中，只有农业银行在相对发达的乡镇中保留较少的机构，其他商业银行的机构均收缩至县城，而落后的县城中国有商业银行的机构也较少。这表明，以营利为目的的国有商业银行趋向于经济发展良好的县城。农村面临着资金缺少的问题，20世纪90年代以后，商业银行中只有信用社以农业为主，但信用社从农村吸收的资金主要用于非农行业的投资，逐渐导致农村的资金远离农业的矛盾越发突出，而运用于新农村的农村信用担保和资金互助组织等新形式金融机构的发展缓慢。

（2）统计资料发现，在2003～2008年，延安市县城和乡镇国有商业银行的贷款余额逐年增加，但贷款数额却逐年减少。并且，除经济比较发达县城的农业银行还向农户有少量的贷款外，其余大部分的县城地区几乎没有农业贷款。这主要是由于农民缺少财产性资产做抵押，虽然国家也提出可以用林权证作为抵押贷款的凭证，但实际操作中，由于贷款设计门槛高，手续繁杂，老百姓很难贷到款。

（3）统计发现，延安农村地区存在资金外流的现象，主要的原因在于国有商业银行允许农村资本返还城市的贷款。而国有商业银行由于银行间的存款和贴现使得一部分转移到中国人民银行，资金也通过不同渠道转移出农村，而这些国有商业银行对农村金融的供给几乎不承担任何责任。

（二）农村金融业务单一、金融品种缺乏

随着延安经济水平的发展，农村地区的工商业水平的提高，农村经济对金融服务的需求逐渐多样化。统计资料发现，目前，农村的金融服务主要是信贷服务和一些中介服务，新兴的中介服务并没有普及，信贷服务品种单一。另外，农村金融机构数量较少，覆盖率低下，因此，大多数的乡镇农民享受不到便利的金融服务。并且，由于金融业务中贷款业务的期限、品种和利息支付方式等因素的影响，贷款业务无法满足农业生产的需求。

（三）资金供给窘境问题的原因分析

1. 欠发达地区的经济特点导致农村金融供求矛盾

延安属于经济相对落后的地区，农民的生产经营方式决定了生产规模较小，且生产效率低下，因此，农民对信贷的总需求小且分散。而信贷资金的需求低下也使得金融机构的运营成本增加，并且经济落后地区中的普通农民无法满足借款的条件，从而使得正规的信贷金融机构难以运行并提供金融服务。

2. 农村金融体系安排存在缺陷

长期以来，由于国家和省市对工业发展更加重视，将城市建设和发展政策的剩余部分转为农业，以获得原始农业的积累，这使得农村金融机构运行的目的是为城市经济发展储存资金。金融机构的这种目的严重阻碍了农村经济的发展，不能满足农村经济发展过程中的资金需要。此外，1999 年后中国金融体系的商业改革导致的利益驱动性，促使农村地区正规金融机构的数量急剧减少，农村经济发展中的可持续性下降。

3. 农村金融市场资金供给主体尚未充分培育

在延安的农村地区中，农村金融市场的资金来源主要是农村信用社、农业银行以及农业发展银行等金融机构。但中国农业银行作为以营利为目的的国有商业银行，难以保证欠发达地区农村金融的供应。而中国农村信用合作社作为唯一一家为农民提供金融服务的正规金融机构，其内部管理存在风险，比如，产权不清、治理结构不健全以及股东权益不清等，这些问题严重影响了其健康发育。因此，由于资金供应的短缺和存在的问题，使得延安农村金融的供需缺口较大。

4. 缺乏对非正式金融机构的指导和规范

为了防范潜在的金融风险，近年来，我国关闭了许多不规范非正规的金融机构，例如基金会等。但由于追求商业化和利润化的正规金融机构并不适合农业经济的发展，因此，很多农业产业选择了非正规金融机构，这也使得农村金融难以健康发展。

第4章 "十四五"时期延安农村公共产品发展的新特征及趋势

当前是"十三五"收官和"十四五"谋划的重要时期，恰逢精准脱贫与乡村振兴衔接、"两个百年目标"交接、供给侧结构性改革深化"五期交汇"的关键时间点。人民对美好生活的向往与需要日益增长，但同时存在发展不充分不平衡的问题，这已成为我国社会的新矛盾。在农业农村现代化所面临的问题上，则事关消费、技术、业态、成本、要素、制度、供需、基建、生态、民生等多个方面。未来应把握政策改革的方向，在顶层设计上转向城乡融合发展，政策支持更多地向农村发展倾斜，实现财政支农资金集约化和市场化使用，坚持保供给、调结构、转方式并行，统筹国际国内两个市场、两种资源，更加依靠信息化技术促进政策落地，科学制定农业农村现代化"十四五"规划。

《全国农业现代化规划（2016—2020年）》第十三个五年规划体系中，其很大一部分内容与"三农"问题密切相关，不仅涉及农业农村信息化、种业结构性调整、草食畜牧业发展、生猪生产发展、农业新科学、农业产业创新、农村三次产业协同发展等专项规划外，还涵盖了《全国农村经济发展"十三五"规划》。"十三五"时期，农村发展和农业发展的规划仍然是分开的。规划与时俱进的新发展目标、引导农村农业市场积极性是新五年规划将要发挥的重要作用。

在"十三五"收官和"十四五"谋划的关键期,正确把握新方向、识别新特征、辨明农业新局势、指明改革发展方向是重中之重。

摸清农业现代化的本质,摸清如何实现农业升级转型,摸清如何在提升生产效率的同时提升经济效益,并在此基础上确保农民获取公平的市场机会,这是面临的基本问题,农业、农村、农民从政策上到思想上再到行动上的整体革新尤为需要。农业现代化和农村现代化通过融合规划,可以优化顶层设计,有利于工作整体部署和工作机制,形成一体推动、一体落实,二者本质上是交织在一起的。党的十九大为农村发展规划融合和农业发展提供了制度基础,新一轮机构改革的深化,农业农村现代化规划的融合有了体制机制保障。2018 年印发的《乡村振兴战略规划(2018—2022 年)》,农村发展和农业发展已经统一开始规划。未来"十四五"时期,要立足新时代的新矛盾、新国情,以农业现代化为总目标,以提升农业经济能力为统领,以现代化经济体系为基础,充分实现农业发展、农村发展一体规划。

第一节 农业农村现代化面临"五期交汇"

当前是精准脱贫与乡村振兴衔接、供给侧结构性改革的深化、恰逢"两个百年目标"交接等重要节点,是"十三五"收官之年与"十四五"规划之时期。总体而言,正值农业新旧矛盾转化,农村发展与农业发展共谋,我国农业农村现代化正面临"五期交汇"。

一、全面小康建成将如期实现

在中国共产党成立 100 周年之时,我国实现全面建成小康社会的第一个"百年奋斗目标"，而检验全面建成小康社会成色和质量的关键指标，正是农业、农村、农民的发展。"十三五"时期，正是小康社会全面建成、乡村全面振兴的重大历史阶段。到"十三五"末，农业现代化将取得显著进展，农民生活水平普遍提高，生活质量显著升级，城乡发展的协调性明显提升。农业农村现代化是"十四五"筑牢小康社会的根基之一，农民生活要再迈上一个新台阶。党的十八大明确提出，到 2020 年全面建成小康社会目标，习近平总书记把现代农业提到了优先发展的重要议事日程，来陕视察时要求扎实推进特色现代农业建设，十八届五中全会和国家"十三五"规划将农业现代化提到了更加突出的位置，《关于加快转变农业发展方式的意见》《深化农村改革综合性实施方案》已经发布，强农惠农和区域扶持政策力度不断加大。

当前我国农业现代化的短板包括农业基础厚度不足、农民整体科学文化水平不高、农村发展水平滞后等有碍农村经济社会发展的突出问题。统筹实施城乡发展规划、城镇体系建设规划和现代农业产业规划，有利于在工业化、城镇化深入发展中同步推进农业现代化，也有助于实现农民收入与经济发展同步增长。同时充分发挥工业化、城镇化对发展现代农业、促进农民增收、加强农村基础设施和公共服务的辐射带动作用。

二、第二个百年目标需要顺期开局

"十三五""十四五"两个规划，正逢两个"百年奋斗目标"的历史性交接。"十四五"要谱写展开好篇章，不仅要实现第一个"百年目标"，还要同时为中华民族的伟大复兴筑牢根基。"中国要强，农业必须强；中国要富，农民必须富。"把我国建设成社会主义现代化强国，"三农"是基础。2050 年，要全面达成乡村振兴的目标，实现从农业大国到农业强国的飞跃，不仅要进行乡土文明建设，还要发展城乡文明，使农民人人都成为高素质的城乡公民。

我国作为一个农业大国，鉴于各地发展水平存在较大差异，需要通过示范带动、梯次推进作用，在一些地区率先实现农业现代化，并加快现代农业示范建设，以农业主导产业为重点，进一步提升市场竞争力和集中度，不仅有利于发展大宗农产品的生产基础，还可以促进菜、果、畜等产业协调发展，在转变发展方式、强化物质装备、提升科技水平、完善产业体系、增加农民收入等方面取得新突破；有利于进一步促进农业生产经营的专业化、标准化、规模化和集约化，提升农业现代化水平。这些都有助于加快形成优势突出、特色鲜明、科学合理的生产力布局。

三、精准脱贫任务需按期完成

"十三五"末，要解决区域性整体贫困问题，在现行标准下，确保农村贫困人口全面脱贫，贫困县全部摘帽。党的十八大以来，超 1 亿人口成功脱贫。在我国农村，在党和政府的政策支持下，贫困人口的数量已经显著减少。2019 年贫困人口减少 1109 万人，至 2019 年末仅剩 551 万人，绝对贫困在 2020 年将不复存在。"十四五"是重大的考验时期，要保证已摘帽贫困县不反复，已脱贫人口不返贫。要夯实精准脱贫成绩，就需要继续对已脱贫地区进行充分关注，加强三大类动态识别，包括不稳定脱贫户、边缘户和边缘村镇。以党的十八大精神为指引，按照"四化同步"和产出高效、产品安全、资源节约、环境友好的现代农业发展要求，紧紧围绕推进国家现代农业示范区建设、统筹城乡发展和老区精准扶贫，农业发展方式适当调整转变为突破口，以保障主要农产品有效供给和促进农民持续较快增收为主要目标，把提高市场竞争能力作为主攻方向，兼以提高综合生产能力，坚持"突出特色调结构，提质增效转方式，加工营销求突破，深化改革添动力，加强监管保安全"的工作思路，着力完善现代农业产业体系，强化机制建设、政策支持、科技保障、人才储备，全面提高农业现代化水平、美丽乡村建设水平，为率先在革命老区实现脱贫奠定坚实基础。

四、乡村振兴战略需即期有机衔接

"十四五"时期，农业不能仅停留在发展层面，还要成为希望产业，全面乡村振兴，给广大农民建设一方乐土，实现可持续地增收致富。要稳固精准脱贫的基础，补齐基础公共服务和社会民生短板，全面提升巩固精准脱贫成果。同时，加快缓解农村相对贫困问题是重要的衔接点，在我国，还有相当一部分农民处于相对贫困状态。农民收入不足只是基本问题，要彻底解决农村相对贫困问题，更要全方面振兴乡村，包括人才、产业、生态、文化、组织等方面。尤其在相对落后的地区，要把推动产业扶贫帮扶资源、政策举措等有序转到乡村产业振兴，打造产业兴旺、生态宜居、治理有效、生活富裕的乡村生活，实现城乡融合发展。

五、农业供给侧结构性改革适期深化

当前，农业供给侧结构性改革深化稳步进行。具体包括四大方面：

第一，生产方式初步调好。"一控两减三基本"取得明显成效，农药和化肥使用量均逐年减少，农田有效灌溉系数 2018 年为 0.554，养殖废弃物、秸秆和农膜综合利用显著推进。

第二，产业体系调整成果初现。规模以上农产品加工企业在 2018 年达到近 8 万家，实现近 15 万亿元的经营收入，农产品精加工、深加工水平快速提升，拓展了多种农业新功能，农业新业态蓬勃发展。休闲农业、乡村旅游在 2018 年接待超 30 亿人次游客、营业收入超过 8000 亿元。

第三，农产品结构优化。2016～2018 年，非优势产区籽粒玉米面积调减超 286 万公顷，肉蛋奶等产品品种结构有所优化，产品品质有所提升，农产品质量安全例行监测总体合格率稳定在 97.5% 以上。

第四，深入推进相关改革。农业补贴制度不断优化，支农政策中的信贷、保险力度持续加大，重点托市政策改革攻坚阶段顺利完成。

要清楚认识到，"十四五"期间，我国农产品需求总量仍会呈刚性增长，农产品结构会进一步升级。迫切需要市场引导，实现从过去的"有没有"到"好不好"的转型升级，以农业高质量发展为目标，把创新作为根本动力、开放为必由之路、绿色为普遍形态、协调为内生优势、共享为根本目的。

第二节　农业现代化十大不平衡不充分问题

在"十三五"和"十四五"五期交汇的背景下，我国农业农村发展中的诸多不平衡不充分问题逐步显现。我国发展最大的不平衡是城乡发展的不平衡，最大的不充分是农村发展的不充分。社会主要矛盾的转化是消费需求升级、产业结构升级、治理体系升级的必然要求。

一、成本抬升与农业基础竞争力乏力并存

现阶段，与世界主要农产品出口国相比，中国单位生产成本较高，我国农业基础竞争力乏力。就玉米而言，中国与美国相比，中国玉米的生产成本远高于美国，2018 年中国每吨玉米的生产成本达到 2125.99 元，美国每吨玉米的生产成本仅为 962.31 元。中国的高劳动力成本是玉米生产高成本的首要原因，劳动力的高成本主要来自家庭劳动力的机会成本。中国种植 1 吨玉米的雇工费用 44.60元，家庭劳动力折价为 845.55 元，均远高于美国。另外是土地成本差距，中国土地机会成本高出美国 239.77 元。"隐性成本显性化"是中国农业成本抬升、基础竞争力乏力的主要原因。以往的农业生产模式是使用自有土地，劳动生产依靠自家劳动力，无须给家庭成员支付货币化的工资，也无须给自家缴纳租金，因此，并不用考虑成本，这些劳动力和土地成本主要是隐性成本。但是，随着新型

农业经营主体增加，土地流转速度加快，规模农业经营主体普遍需要租入土地和雇佣工人。截至 2018 年，我国的家庭承包耕地流转面积超过了 5.3 亿亩，畜禽养殖规模化率达到 60.5%，土地适度规模经营占比超过 40%。在这一情况下，"隐藏"的劳动力和土地成本开始显露。这种"隐形成本显性化"造成的成本上升，只会越来越明显，降成本难度较大。当前耕地质量提升缓慢，农业基础设施标准地，供给不足，高标准农田占比偏低，农田水利工程建设滞后，农业防灾减灾能力不够强，竞争力乏力是基本现状。

二、高质量农产品和生态需求与落后的市场意识产生矛盾

我国重要农产品供给已经比较丰富，农产品短缺现象早已一去不复返，粮食产量已经连续多年超过 6500 亿千克。但是，在高产出的农业背后，产生了新的需求，即农产品消费结构升级。城乡居民不仅要求"吃得饱"，而且要求"吃得好"，对农村绿色良好生态环境还有新需求。农业当前要满足个性化、多样化、多功能性的消费需求，不再只是单纯的"种出来""养出来"，再卖出去。在我国，农业生产经营主体已初具产权意识，对土地承包权、经营权等的意识日益强化。但是，生产经营主体的经营意识、思想意识跟不上新时代发展变化，存在诸多落后问题，尤其在市场方面。农业的从事主体，找到政府部门"不要政策，要资金"，经营过程中"不要建议，要项目"，产出产品后"不找市场，找市长"的情况经常出现。例如，有机农产品的概念与目标已提出多年，并出台了鼓励发展政策与实施方案，但农民对有机农产品的关注度仍然不够，产量依然较少。即便是在农业发展成熟的东北各省，受经验性的行为习惯影响，农民的种植行为和种植结构调整转型困难。总体来看，农业供给侧还没有转到满足市场需求升级上来。

三、新产业、新技术、新业态大量涌现与新动能交织

当前仍然只是小部分主体的尝试。就电商而言，作为一种新动能，广大农民

对电商非常接受，地方发展电商的动力和需求非常旺盛，农村电商在我国广大县区普遍得到鼓励发展。截至 2018 年，网络零售的农产品交易总额已达 2305 亿元，农业生产资料、农产品、农产品加工品在网络的零售额为 4018 亿元。但现实情况是，农产品电商发展的速度与预期仍有差距。2015 年，农产品网上零售额占农业总产值比重达到约 1.5%。相关部门根据增速测算，在农业农村信息化发展规划中提出 2020 年底要达到 8% 的目标，但 2018 年该比重仅为 2.0%。尽管其中有调整计算方法等因素，但增速低于预期已经存在。其他方面也正面临增速低于预期的情况，很少实现盈利模式的可持续性，主要依赖投入。现存状态下，新产业、新技术、新业态不足以形成规模经济和范围经济效应，动能接续还有待时日。

四、农村人口老龄化日趋严峻与外出劳动力不稳定并存

由于先前的城乡二元化发展模式，城市相比农村更具吸引力，20 世纪 90 年代以来，是城乡人口大转移时期，大量的农村青壮年劳动力转移向城镇，使本就短缺的农村劳动力问题更明显，导致农村地区劳动力短缺问题日趋严重。当前正值人口结构变化期，人口和劳动力更加向城市群、都市圈集中，同时，劳动力呈老龄化趋势。随着农业吸引力下降，青年农民务农积极性明显下降。据统计，2016 年，年龄在 55 岁以上从事农业生产经营的占比高达 33.6%，由此可见，农业从业青壮年劳动力不足已是现实问题，老龄农民受自身条件所限，也难以适应农业农村现代化要求，掌握农业新科技和新业态的能力不足。即使农业劳动力有机会从农村进入城镇从事非农产业，但大多数的就业稳定性较差，只能在城市短暂停留，多从事的是低水平、简单的、机械化工作。在多数情况下，城市若经济下行，这些转移劳动力还是会回到农村。这首先会加剧农村老龄化态势，其次还可能与新型经营主体争夺已经稀缺的土地等农业生产资源。

五、软硬配套跟不上新型农业经营主体迅速发展

当前农村的软硬件设施配套仍比较滞后，硬实力、软实力还无法跟上新型经营主体的发展速度。2018 年底，注册登记的农民专业合作社数量已达到 217.3 万家，高素质农民队伍已经超过 1700 万人。但是，尚存在些许配套问题。例如，在以前的小农户时期，粮食的产量还比较少，2006 年大部分农户家庭粮食产量在 2500 千克以下。但是，历经 10 年发展之后，2016 年从事粮食生产的合作社、家庭农场等新型经营主体播种面积多在 50 亩以上，而且 500 亩以上的合作社已经比较多见，粮食产量已经非常高，根据目前的粮食单产，已达到 5000 千克甚至 50000 千克以上，在这种情况下，需要建设更多的谷物烘干设备。但是，规模经营主体难以承担造价高昂的谷物烘干设备，需要补贴或信贷支持，而且谷物烘干设备的利用频率低，成本回收周期长，每年仅在谷物收获季节使用，这就使得谷物烘干设备的成本非常高。

在软件建设层面，软实力相对不足，主要问题是制度有待完善，分层落实滞后。合作社等新型经营主体在"营改增"后缴纳的增值税数额并不低，与一般农业企业相差不大，这直接影响了财富积累与生产再扩大。在财务工作中，财政补助形成的新型经营主体资产，如何进行入账操作，都需要有相应的制度规定。另外，高素质农民培养缺乏培训后的跟踪服务，培训效果多停留在"发了多少结业证"上。

六、城乡就业收入差距和生活方式差异较大

在城乡收入差距方面，根据相对数值，城乡居民收入比在 2019 年已经缩小为 2.64:1，但是，城乡居民人均可支配收入差距的绝对值仍在拉大，差距已达 26338 元。从经济的繁荣角度看，农村与城镇的差距也非常大。在就业方面，城镇就业人口在 2014 年已经超过乡村，据统计，目前城镇的产业吸引了 4.34 亿人

就业，而乡村则容纳了 3.42 亿人就业。在就业质量方面，非完全就业、临时性就业是乡村就业的主要类型，产业层次也普遍不高。而且，乡村生活缺乏青壮年向往的生活方式，枯燥、单调、乏味。同时，水电路气等基础设施落后，农村利益格局正值新老矛盾交织期、新旧利益调整期。由于缺乏兼具市场意识和科技意识的新型农民，虽然农业关键技术模式已经成型，但缺乏高素质农业人员推广。持专业证书的农业劳动力仅有 0.32%，农业劳动力中掌握农业专业技能的非常少。同时，农村严重缺乏开拓意识强、会经营、会管理、懂市场的企业家和经营型人才，农业农村劳动力素质结构性下降问题突出，后备资源日渐趋紧，农业产业结构调整和现代农业发展受到严重制约。

七、农产品相对过剩与短缺交替出现

这是目前存在于我国的典型现象，我国粮食占有量的人均水平的基点为 400 千克。如果供过于求，库存高企的局面就很可能出现，若不加调控，积累矛盾两三年之后，可能会出现一系列更严重的问题。20 世纪 90 年代中后期就曾出现过类似节点，粮食产量远高于需求，出现粮食大量库存，此阶段也因此出现了比较大的市场调控政策改革。当前正值新一轮的粮食供需变化期，就粮食市场变化态势来看：2004 年开始，粮食连年增产；2010 年人均粮食占有量稳定超过 400 千克，超过平衡点后，我国在 2013 年出现了粮食高库存问题。目前稻谷等品种仍然有较大的库存压力，人均粮食占有量达到 474 千克。同时，玉米经历一个完整的周期，从短缺到过剩再到相对不足。2005 年玉米的库存消费比仅为 20%，出现供不应求问题。2015 年市场预期过高，玉米库存达到 2.5 亿吨，导致玉米严重供过于求。2016 年一揽子"去库存"措施实施后，玉米库存得以迅速消化。特别缺少农产品精深加工型企业，并且普通企业的数量少、实力弱，对农产品生产基地的带动作用弱，农产品附加值普遍不高，农业产业化链条短。

八、农村基本公共服务和社会事业发展滞后

当前，社会民生的突出痛点包括城乡之间养老、教育、医疗、社会保障等方面的差距。第三次全国农业普查数据显示，全国仍有部分乡镇缺少幼儿园，西部地区这一问题更加严重，2016年有高达6%的乡镇没有幼儿园、托儿所，远远高于全国3.5%的水平；西部地区54%的村镇缺少体育健身场所，高于全国平均比例；全国没有社会福利收养性单位的乡镇比例为33.2%，西部为46.7%；全国没有执业医师的村镇比例为45.1%，其中东部和西部分别为50.6%和50.1%。同时，农村产权的指导和服务机构尚未建立，产权制度改革任重道远，土地流转进度慢、规模小；在生态农业、循环农业、环保农业、农业产业化、农业现代化项目支撑等方面合力尚未形成。现代农业发展的科技创新机制尚未完全建立，最大制约因素是发展资金短缺、贷款难，同时，投融资机制业有待完善；农业部门机构繁杂，工作政出多门，种养管理分散，改革尚未到位。

九、水电路气房网建设滞后

有水、通电、通路、通气、住房、网络是现代社会必不可少的生活资源，要充分发展振兴农村，这几项基本资源缺一不可。根据第三次全国农业普查数据，截至2016年，全国的农村居民中超一半的比例无法用到净化自来水，38%的农村主要道路没有路灯，主要道路耗材质量差，以沙石或砖石板为主。同时，农村道路的建设标准普遍不高，虽然道路实现了"村村通"，但农村道路宽度不足，多数以3.5米为标准，很难与未来农村机动车增速相匹配，也很难满足农业农村现代化建设需求。另外，农村住户业缺乏足够生活能源，44.2%的农户仍使用柴草，农村砖瓦房仍然是主力，钢筋混凝土结构住房仅占12.5%。在网络互联建设上，还有52.2%的农户无法连网。

十、资源环境承载力已接近上限

我国目前有 3 亿亩耕地受到重金属污染,这直接导致每年粮食受污染达 1200 万吨。此外,我国许多地区水资源过度开发问题较为突出,水资源开发利用模式不可持续。2018 年全国高效节水灌溉面积占耕地面积的比例仅为 16.5%,约 3.34 亿亩,与以色列相比,农业资源集约利用水平偏低。与此同时,盲目追求高产,化肥、农膜等大面积过量使用,严重污染地表水和地下水,重则导致土地沙化、土壤板结,农业生产过程中造成的污染较为严重。近年来,虽然化肥、农药、农膜减量化不断推进,但这仍需漫长的过程。我国化肥折纯使用量 2018 年达到 5653.42 万吨,远超国际公认的亩均 15 千克的安全上限,每亩用量仍高达 27.89 千克,农药施用量超过 150 万吨,每亩农田的平均使用量超过 0.7 千克,地膜使用量突破 246.48 万吨,残留率高达 40% 左右。不少土地资源已不适合粮食种植。

第三节 "十四五"时期农业农村现代化的政策导向

我国人均 GDP 接近 1 万美元,已是世界第二大经济体,农业农村发展的物质基础更加雄厚。同时,生产要素的内涵和外延不断扩张,工业化城镇化进入中后期,实现了跨界融合农业产业、农村产业,生物技术、数字资源等将使农业农村现代化进入高质量发展新阶段。农村改革不断深化,农产品市场空间和农业多功能性进一步拓展,农村多元价值将更加凸显。当前要进一步认清形势,在当前历史背景下,牢牢把握政策,针对上述十大"不平衡不充分"问题,科学谋定"十四五"规划。

一、制度设计体现农民新需求

（一）顶层设计转向城乡融合发展

实现城乡社会现代化经济体系、社会治理、政治民主、生态文明、文化活力互联互通，是城乡融合发展的基础。在之前的顶层设计中，主要内容是"以城带乡""统筹城乡"，而现实中却是"城市主导、农村从属"，偏离了基本思路。规模效应、集聚效应、范围效应是城镇化的三大经济红利，城乡融合发展的要义是让规模、范围、集聚三大经济效应辐射到乡村。"十四五"要加速政策体系和体制机制建设，实现城乡基本公共服务和基础设施建设一体化，从而促进城乡之间要素自由流动。实现城镇居民和农村居民的权利互联互通，是城乡融合发展的基础，也是充分保障农民"十大权利"的根基。

（二）解决低水平供给与高水平需求不匹配，实现农产品由低水平供需平衡向中高水平供需平衡跃升

"十四五"时期要着力做好三件事：一是着力稳定粮食生产，在稳定总产、提高单产上下功夫；二是着力发展优势特色产业，走特色路，打特色牌；三是着力推进生态产业发展。要紧扣"林"字做文章，做好苗木花卉产业，全市退耕还林示范地区可以大力推进。要紧扣"水"字做文章，把治水兴水工程与城镇化建设、旅游业发展、生态环境保护等结合起来，多建湿地、同步绿化、一水多用、相得益彰。同时紧抓"三权分置"。让农民富起来才是检验农业供给侧结构性改革成效最重要、最根本的标准。而抓好"三权分置"，应让农民土地经营权财产化。下一步要完善推动土地流转的具体办法，同时进行集体产权制度改革。在全市范围内选择两个以上县区进行试点，总结经验、逐步扩大，让更多农民受益。

（三）实现财政支农资金市场化和集约化使用

政府是最主要的农业投资主体，并且以财政投入为主，因此，以往规划的手

段之一是大幅增加财政投入,包括财政补贴、投资等。2003～2015 年,农林水事务得到的国家财政支持年均增速曾经高达 20% 以上,但是,随着国内经济增速放缓,逐步转向中高速增长,2014～2018 年的财政收入连续五年增速低于 10%。"十四五" 期间,农村民生领域仍然需要财政资金补短板,同时减税降费政策效应很可能会进一步释放,财政支出多元化需求增长,政府财政对农业农村投入的大幅增长将很难实现。在未来,财政支农资金会更多地发挥杠杆作用,更加整合集约使用,激发社会资本参与和市场主体投入积极性。在财政政策方面,财政资金近年来探索使用 "大专项 + 任务清单" 的方式,分地区切块,全面评估建设内容,专抓薄弱环节,在测算分配中采取因素法,加强建设任务的绩效评估。例如,国家现代农业产业园把园区作为单位,并设立建设清单,直接验收建设清单项目。接下来,政府在 "十四五" 期间会进一步改革补贴方式,主要是分配资源所依赖的项目制补贴,在未来,信贷、保险等市场化方式会是农业农村支持的新手段,兼以大数据追踪,实现市场化的精准支持,激发市场主体投入。

二、统筹资源,提升保障能力

(一)统筹国内外市场、资源、制度

新时期的农村农业发展要与国际接轨,紧跟国内外发展新趋势。以往的政策主要立足国内,较少参与国际规则。"十四五" 时期的主要思路是统筹国内市场、资源、制度,在农业农产品方面,根据我国的具体资源,合理布局进口来源,以市场需求为驱动力使资源为我所用。当前世界正值 "百年未有之大变局",全球经济发展进入新的平衡时期,传统国际贸易投资规则被打破,在大变局之下加速重构,国际新格局和力量对比正加速演变,我国作为世界第二大经济体,正面临新形势下的大国竞争。同时,农产品消费总量刚性增长,消费结构快速升级,由过去的谷物消费为重心升级到高级植物纤维、动物蛋白兼重。此外,大量工业加工需求导致原料消耗增长过快问题。农业技术进步增产效应虽然在一定程度上实现了对消费增长的追赶，但由于受国内耕地资源和淡水资源不足的约束，进口国外农产品仍是刚需，2017年我国进口农产品折算耕地超过12亿亩。既然不可避免地进行大规模农产品进口，那么就应适应这一趋势，在与其他国家的农业交流合作中，积极参与制定国际贸易新规则，并推动国际农业相关改革。

（二）集中优势力量，精心培育龙头企业

以农业产业化为落脚点，精心培育龙头企业有助于集中农业优势力量，带动农业产业化发展。延安在"十四五"期间要积极培育农业产业化龙头企业，实行分级培育模式，由市级到省级到国家级，以此提升农业产业化水平，带动全市农民保就业稳增收。与此同时，政府积极引导相关企业在农产品加工、农产品流通方面与广大农户合作，可以从采取合同制、股份制等合作形式，对农业订单进行管理，建立农企一体化经营组织，实现利益共享、风险共担。预计到"十四五"末，全市90%以上的农产品将通过产业化组织进行加工和销售。

（三）农民专业合作社规范化发展

规范化发展包括以下三大重点任务，即提升水平、加快发展、规范建设。全面推广农业新技术，打好构建新型农民合作社的根基，组织生产建设平台标准化，牢守农产品安全质量关。到"十四五"末，发展农民专业合作社数量达到2000家以上，使85%以上的专业生产农户加入农民专业合作经济组织，形成市级示范合作社规模化，达到县县有社，全市成规模，同时给合作社年经营额定下合理目标，积极引导农民参与市场竞争的经营主体、建设农村民主管理的示范基地。鼓励科技人员直接为农民创办生产生活服务的经营实体，提供全方位农业服务，包括农业产前、产中、产后。同时，全面推广专业合作社等为农民提供产前、产中、产后全程服务，建设更多村级服务站点、农产品质量监管等公共服务机构，大力支持农机跨区作业、农作物病虫害专业化统防统治等专项服务。

三、以优势资源为依托，凸显地方特色

（一）立足资源禀赋，发挥比较优势，凸显地方特色

在新竞争环境下，地方农业特色是市场立足之本，"十四五"期间，延安农业现代化可以依托地方特色优势，实现特色发展。

一是以粮食稳定生产为基础，大力发展苹果、畜牧、干果等优势产业，使延安地方特色品牌走出去，比如南泥湾蔬菜、洛川苹果、延川红枣、延安小米、黄龙核桃等。同时积极发展区域农业产业，培育中蜂、水产养殖、食用菌、休闲观光等产业。

二是梯次推进、示范引领。加强建设示范园区，紧抓薄弱环节和重点领域，谋划一批具有先导作用的重大项目，以点促面，辐射带动全市现代农业发展。

三是转型升级、提质增效。产业结构调整是重点，同时要优化区域布局，培育新型经营主体，提升一、二、三产业融合发展水平，大力扶持发展农产品加工业，延长产业链条，增加农业综合效益，促进农民增收。

（二）围绕农业供给侧结构性改革主线，大力培育发展特色产业

以调整优化产业结构为抓手，推进农业提质增效。

一要以绿色生产方式为引领，推进产业可持续发展。以强化农业科技为支撑，提升产业发展竞争力。以推进"三权分置"为基础，促进农业规模化经营。

二要突出农产品销售环节，推动线上线下融合互动。通过健全市场流通网络，搭建好销售平台。抓好名优产品推介，提升产品知名度。发展电子商务，为农产品销售搭上快车。

三要夯实设施条件基础，大力改善发展条件。加快推动水利设施建设，持续改善生态环境，不断提升农业服务支撑水平。

四要抓好"三农"投入保障，改革创新支农政策体系。加大对涉农资金的整合力度，统筹存量资金，集中力量把最该办的事情办好。通过以奖代补和贴息

等政策，采取搭平台、建基金、抓担保的方式，探索推动"拨改投、拨改股"等股权投资，变专项资金为产业资金，更好地发挥财政资金"四两拨千斤"的作用。

五要抓好春耕生产管理、动物疫病防控、农田水利建设、造林绿化和森林防火等工作。

四、信息化服务与技术体系建设

（一）加快发展农业信息化

"十四五"农业现代化要紧抓信息化潮流，"互联网+农业"是农业信息化的发展理念，通过建设农业信息化平台，以电子政务为依托，充分发挥公共服务职能。重点包括农业行业管理、农业资源管理、农业综合执法、农产品质量安全系统建设等。全市在农业电子商务建设方面，要强化与阿里巴巴、中国网等知名电商合作，利用好电子商务平台，宣传推广洛川苹果、延川红枣等特色农产品，搞好洛川、子长等8县区全国农村电子商务综合示范县建设。运用现代信息技术，全面提升延安农业产业发展水平，建设测土配方施肥系统、基于GIS的基本农田管理系统、墒情监控系统、病虫害远程诊治与预警系统等。要全面加强农村宽带建设，不漏一村一户，到2025年，行政村宽带要实现全覆盖。同时，12316"三农"热线覆盖率要维持在100%。

（二）依靠信息化技术促进政策落地

参考公共经济学的观点，"自上而下"需要有相应的行政体制的保障，以往的规划主要是靠自上而下的执行，这很可能导致监督成本过高。地方政府逐层对接是以往政策规划的主要模式，涉及农业农村的规划和政策落地，经常需要层层上报，从村和乡镇干部核实、经过县（区）、再到省（市）确认。新的信息技术不仅使农村发展基础深刻改变，也改进了政策执行和落实的方式。通过依靠物联网、云计算、大数据、移动互联、区块链、人工智能等新技术，有助于激活从中央到地方的各类参与主体的积极性，但是，在农产品电商的质量安全控制方面，虽然区块链技术的前景非常好，每个环节的农产品投入都会在线形成"记账本"，从而自动实现农产品质量安全可追溯。但是，成本收益是未来信息化手段促进政策落实，必须要考虑的成本因素。总而言之，成本收益的平衡点转向低成本是技术进步的必然趋势，正确把握监督政策落实过程中技术监督执行与人力监督执行的对比关系是非常有必要的。

（三）加快信息化服务平台建设

市级智慧农业信息平台建设包括以下五大系统：农业技术生产服务系统、产品安全追溯系统、农产品产销促销及市场价格发布系统、灾害预警预防系统、农产品物联网技术研发与推广应用系统。以五大系统为主要内容，在 13 个县区架起基层信息站与市级智慧农业信息平台的桥梁，各建设 1 个农业信息平台，做好信息的收集发布。同时，实地采集、发布产销两地市场信息，按照"六个一"标准，在国家、省、市级龙头企业和农业专业合作社建立信息服务站，指导农业生产、农产品销售。建立健全市、县、乡三级农业管理、农业服务平台，市级相关单位全面牵头，设立专门的技术服务中心和营销服务中心，在市级单位引领下，县区统一设立技术服务中心、营销服务中心、技术专业服务站。建设信息化平台的重点是科技培训，配套网络服务平台建设作为依托，开展专家与企业、合作社、各方点对点交流。确保每年培训职业农民 10 万名、专业技术骨干 1000名、农民技师 10000 名。

五、农业产业支持政策

（一）保供给、调结构、转方式并行

目前的政策作用机制主要是通过投入激励，鼓励生产经营主体增加资源要素投入。规划的目标主要是支持农产品尤其是粮食产量增加，这就导致农业投资和农业补贴多是依靠激励，自身发展积极性不强。就财政支农结构而言，公共财政支出的 20% 以上都投入了农业生产资料补贴与技术补贴，而农业结构调整补贴一度在 1% 以下，农业资源保护与利用补贴在"十二五"之后才逐步增加。新时代的农业产业支持政策，一方面，保障农产品供给必不可少，在物质上和经济让城乡居民获得足够、安全和富有营养的食品；另一方面，需要坚持保供给、调结构、转方式并行，尤其是需要促进农业结构、生产方式与资源环境承载力相匹配。最重要的一点，要合理利用耕地，支持耕地有序休耕、轮作，土地资源也要休养生息，才能成为农业生产的重要后备力量。

（二）始终坚持质量兴农，提高农业产业综合效益

农业生产的每一个环节都要做到高质量、高效益，全面提高农业综合效益。当前，要做好三项工作。

一是一二三产业要紧密联系，促进产业深度融合。一方面，要延长农业产业链、提升农业价值链，鼓励农业龙头企业、领军企业向二产、三产进军；另一方面，要继续发展农产品精深加工，在原产地做到初加工与深加工分工合理，形成优势互补的新格局。

二是瞄准两个方向，促进新产业新业态培育。第一个方向是乡村旅游。从养生养老、保健疗养、休闲度假入手，与乡村旅游实现三方结合。第二个方向是大力发展电子商务，实现农业从"地上"到"线上"的飞跃，加速建设实施电子商务进农村综合示范县。

三是支持农民创新创业。要大规模地培训农民，提高他们的创业创新能力。通过加快完善农业扶持相关政策，培育新型农业经营主体，制定现代农业从业者培养标准，把他们培养成为具有田间知识、国际眼光的先进农业从业者。

六、提高监督管理水平

（一）加强依法行政

在农业基础设施建设、合作社发展、龙头企业培育、现代农业示范园建设等

方面制定实施意见,加强政策扶持。加大农村普法教育力度,增强农民和农村基层干部的法律意识。规范土地承包经营权流转,抓好农村土地承包纠纷仲裁工作,完善农村土地承包信息管理系统终端。加强农民负担监管,抓好一事一议财政奖补试点工作,维护农民合法权益。农业生态环境保护是一方面,工业污染物排放的检查监管力度需要加大是另一方面,农业生产环境的建设离不开依法行政的支持。

(二)提高农业监管能力

农业全面发展不能脱离监管,"十四五"全市建立健全农产品质量安全监管制度,落实质量安全属地管理责任,健全三级安全监管体系,对农业投入品进行监管和"三品一标"认证,创建全国农产品质量安全市。同时,推动农业执法与质量安全监管有机统一和信息化管理,加强农产品生产源头治理和质量安全追溯管理,开展农产品专项整治行动,抓住重点,保障农产品质量安全,启动建设农产品质量安全追溯管理平台二期工程,实现全程质量监管。加强对农产品和农业投入品的质量管理,进一步规范农产品市场和农资市场秩序。开展农资打假和知识产权保护专项治理行动,打击生产经营假冒伪劣农资行为,促进农资市场规范经营、守法经营。在化肥使用方面,以合理化、低毒化为根本理念,推广使用易降解的农用薄膜、生物农药,实现低毒、高效、低残留。

(三)推进农业标准化

依据国家标准和行业标准,围绕延安市特色产业发展,制定地方性操作规范、规程,与地方全面配套,保障农产品质量安全操作,包括生产、分级、包装等,基本建成以操作规程、管理规范为基础,国家、行业标准为主体,地方标准为补充的农业标准体系。同时,鼓励县区农业部门、农民专业合作社、生产企业等制定操作手册和操作卡,以符合生产实际为基础,全程支撑农业标准化和全程质量控制。以蔬菜、苹果、畜禽标准示范场为重点,加强标准化示范园建设,到2025 年,实现全市农产品生产基地基本生产标准化。

总体而言，"十四五"农业农村将面对新形势，现代化方面会更加复杂，新老因素叠加。而且，粮食等重要农产品需求刚性增长的趋势不会改变，人多地少的基本国情农情不会改变，农业小部门化的规律不会改变，推动农业高质量发展的迫切要求不会改变，新旧动能转换接续的态势不会改变，资源环境约束趋紧的生态基础不会改变，国际国内新变局的局面不会改变，农村经济社会加速转型的趋势不会改变。新时期需要坚持底线思维，科学编制规划，提升规划的可行性。

第5章 "十四五"延安农村经济发展规划研究

第一节 指导思想和原则

以党的十八大精神为指引，按照"四化同步"和产出高效、产品安全、资源节约、环境友好的现代农业发展要求，紧紧围绕推进国家现代农业示范区建设、统筹城乡发展和老区精准扶贫，以转变农业发展方式为主线，以保障主要农产品有效供给和促进农民持续较快增收为主要目标，以提高农业综合生产能力、抗风险能力和市场竞争能力为主攻方向，坚持"突出特色调结构，提质增效转方式，加工营销求突破，深化改革添动力，加强监管保安全"的工作思路，着力完善现代农业产业体系，强化政策、机制、科技、人才和基础装备支撑，促进农业生产经营专业化、标准化、规模化、集约化，提高农业现代化水平、美丽乡村建设水平和农民生活水平，为率先在革命老区实现脱贫和全面建成小康社会奠定坚实的基础。

（1）生态优先、持续发展。加强农业面源污染治理，大力发展生态农业、循环农业，改善水资源短缺、耕地质量不高和生态环境脆弱的局面，节约资源，保护农业生态环境，不断提高农业可持续发展水平，实现农业农村经济发展与资源环境相协调。

（2）依托资源、凸显特色。立足资源禀赋，发挥比较优势，在稳定粮食生产的基础上，大力发展苹果、畜牧、蔬菜、干果等优势产业，做大做强延安洛川苹果、南泥湾蔬菜、地椒羊肉、延川红枣、延安小米、黄龙核桃等特色品牌，积极培育水产养殖、中蜂、食用菌、休闲观光等区域农业产业。

（3）转型升级、提质增效。深化产业结构调整，优化区域布局，培育新型经营主体，加快一二三产业融合发展，大力扶持发展农产品加工业，延长产业链条，提高农产品附加值和抵御市场风险能力，增加农业综合效益，促进农民增收。

（4）科技支撑、提升能力。推进农业科技进步，提高农业科技创新能力，研发推广新品种、新技术、新设施，强化农机农艺融合，增强农业综合生产能力。

（5）示范引领、梯次推进。以最关键、最薄弱的领域和环节为重点，谋划一批具有"发动机"效应的重大项目，加强示范园区建设，以点促面，辐射带动全市现代农业发展。

第二节　目标任务及布局

到 2020 年，基本实现农业现代化，达到生产手段机械化、生产过程标准化、生产经营组织化、农业服务社会化、生态循环良性化、产品质量安全化、市场营销品牌化、农民生活富裕化。

（1）农业总产值达到300亿元，实现增加值160亿元，农村居民人均可支配收入年均增长12%。

（2）苹果种植面积发展到400万亩，产量达到350万吨。

（3）粮食播种面积稳定在300万亩左右，产量稳定在70万吨以上。

（4）三大干果面积发展到133.5万亩，产量达到18.3万吨。

（5）建成500万头家畜养殖基地，肉蛋奶产量达到13.5万吨以上。

（6）蔬菜面积发展到50万亩，其中设施基地面积30万亩，蔬菜总产量达到150万吨。

（7）水产养殖面积发展到3.75万亩，建成食用菌养殖基地3000亩、时令瓜果生产基地10万亩、蚕桑生产基地8万亩，建成一批体现都市现代农业特色的生态观光旅游和休闲度假专业村镇，拓展现代农业发展空间和农民增收渠道。

（8）规模以上农产品加工企业发展到60个，农产品加工业产值达到100亿元以上，农产品贮藏能力达到150万吨，农产品产地初加工基本普及，精深加工比例达到30%以上。

综合考虑产业基础和特点，结合全市统筹城乡发展战略，优化农业产业布局，加强标准化"43155"特色产业生产基地建设，形成南部以洛川、北部以宝塔为中心的优质苹果生产核心区、以宝塔、安塞、甘泉为中心的蔬菜生产核心区、以吴起、志丹和甘泉为中心的畜禽生产核心区、以宝塔、安塞和子长为中心的粮食生产核心区、以延川和黄龙为中心的干果生产核心区。

（1）苹果。提升以洛川、黄陵、富县、宜川、黄龙为重点的南部塬区优质苹果标准化生产示范区，发展以宝塔、安塞、延长、延川、子长、志丹、吴起、甘泉为重点的北部山地苹果标准化生产示范区。

（2）粮食。以川、台、坝、沟道地为主，稳定种植面积，优化种植结构和区域布局，玉米以宝塔、黄龙、洛川、吴起、子长、安塞为主，马铃薯以子长、吴起、宝塔为重点，谷子以安塞、宝塔、延川、子长、吴起、志丹为重点。

（3）蔬菜。以安塞、宝塔、甘泉、延长、富县、子长、志丹、吴起、延川、黄陵、宜川、黄龙12个县区为主，重点在洛河、延河、秀延河、汾川河、葫芦河流域川道地区发展。

（4）畜牧。以"南牛北羊果区猪，城郊养鸡山区蜂"为总体布局，以甘泉、宝塔为核心区建设养鸡基地；以洛川为核心区，宜川、黄陵、富县、宝塔、延长、延川、安塞、志丹8县（区）为重点，建设生猪养殖基地；以宝塔、吴起、志丹、安塞为核心区，甘泉以北8县区为重点，建设羊子养殖基地；以黄龙、子长为核心区，辐射宜川、延长、延川、宝塔、甘泉、富县、黄陵、洛川等县区，建设肉牛养殖基地；以宝塔区为核心区，建设1万头奶牛养殖基地；以黄龙为核心区，宜川、富县、甘泉等林区县为重点，建设养蜂基地。

（5）干果。红枣以延川为核心，辐射扩大子长东部及延长黄河沿岸地区；核桃以黄龙为中心，适度在黄陵、洛川、宜川、富县发展；花椒继续巩固宜川、黄龙和延长黄河沿岸地区现有面积。

（6）特色产业。以中心城市、重点镇、新型农村社区为重点，发展休闲观光农业，以宝塔和黄陵为重点发展水产养殖，以子长为重点发展蚕桑，以黄陵、安塞、甘泉为重点发展食用菌。

（7）示范园区。围绕产业重点区域和36个重点镇、100个新型农村示范社区、重点交通沿线、城郊镇村，建设现代农业示范园区。

（8）农产品加工业。依托各级产业园区，建设一批农产品加工园区和农产品保鲜贮藏库群，重点建成洛川苹果、甘泉禽豆制品、宝塔农畜产品、志丹农畜产品、延川红枣、洛川畜产品、吴起羊产品等农产品加工园区。

第三节 农村发展的重点扶持工作

（一）加强产业基地建设，夯实现代特色农业基础

（1）提升苹果产业。以发展现代果业为主攻方向，积极推进北部山地苹果基地建设，大力实施苹果提质增效工程，全面推行苹果标准化生产技术，加快建设生态果园和绿色苹果基地。到 2020 年，新增苹果面积 50 万亩，改造提升老果园 25 万亩，建成 75 万亩现代苹果标准化示范区和 500 个百亩以上苹果标准化示范园，苹果产量达到 350 万吨，产业综合效益达到 200 亿元，果农人均苹果收入达到 1.5 万元。

（2）做优粮食产业。坚持"稳面积、调结构、提单产、保总产"的思路，实施马铃薯主粮化战略，积极发展以谷子、豆类为重点的优质杂粮。大力推广旱作栽培集成技术，实施好粮食高产创建、全膜覆盖技术推广和有机小杂粮生产基地建设等项目，全面提高粮食综合生产能力和效益。到 2020 年，玉米和薯类占粮食播种总面积的 60% 以上，谷子、杂豆等有机杂粮播种面积达到 50 万亩。

（3）做好畜牧产业。按照"猪鸡牛羊蜂，生态养殖，种养加结合，强农富民"的思路，全面实施"15332"工程，以规模化、标准化、科学化舍饲养殖与果畜结合、发展循环农业为主攻方向，建设四大核心基地，辐射带动形成五大产业带，优化区域布局，转变生产方式，强化政策扶持，全面推进现代畜牧业持续、健康、快速发展。到 2020 年，在重点完成 300 万只羊子基地建设的基础上，建成 500 万头生猪基地、30 万头肉牛基地、1000 万只养鸡基地、20 万箱养蜂基地。

（4）做大蔬菜产业。按照布局区域化、基地规模化、生产标准化的思路，

实行日光温室、大棚、露地三菜并举，突出设施蔬菜发展，提升环延安城"菜篮子"生产核心区和五条流域蔬菜产业带规模，大力推广无公害蔬菜高产高效生产新型适用技术和设备，提高蔬菜生产能力和质量安全水平。到 2020 年，新增和改造设施蔬菜基地 10 万亩，新建高标准露地菜 5 万亩。

（5）壮大干果产业。实施优质干果基地、良种苗木繁育和采穗圃建设工程，推广丰产栽培和高接换头、换优技术，开展红枣雨季裂果和核桃、花椒晚霜冻害的预防与抗灾技术攻关研究，加快科技成果转化，全面提高干果综合生产能力。到 2020 年，新建核桃 10 万亩、红枣 5 万亩，改造核桃、红枣、花椒低效园 25 万亩。

（6）做精特色产业。围绕延安中心城市和县城、重点镇、新型农村社区，发展生态养鱼、食用菌、花卉、时令水果等高效特色农业，建设一批体现都市现代农业特色的生态观光旅游和休闲度假专业村镇，拓展现代农业发展空间和农民增收渠道。到 2020 年，水产养殖面积发展到 3.75 万亩，水产品产量达到 3800 吨；建成食用菌生产基地 3000 亩、时令瓜果生产基地 10 万亩；以子长为重点，新建桑园 2.27 万亩，累计达到 8 万亩，鲜茧产量达到 425 吨；在延安新区北区北山建成延安苹果公园，其中核心区 400 亩、生态干果林 2000 亩，带动周边改造提升万亩苹果园、建设万亩黄土地质公园游览区和万亩退耕还林示范区。

（7）做强加工和流通业。落实《关于促进农产品加工业发展的意见》，加快一二三产业融合发展，实施农产品产加销工程，培育农产品加工领军企业，加强农产品加工关键技术科研攻关与示范，鼓励农产品加工企业自主创新，引进先进的技术、工艺、设备、人才和管理理念，提高核心竞争力。加强生鲜农产品贮藏、保鲜冷链体系建设，促进农产品直销配送、连锁经营、电子交易等新型流通业态发展，推进订单生产和"农超对接"。开展"互联网＋农业"行动，借助全市电子商务孵化中心和"双十一"促销平台，大力发展农业电子商务，每年选择 100 家农产品电商企业和合作社进入市级孵化中心，开展名优特农产品网上销售。到 2020 年,新增规模以上农产品加工企业 33 个以上,农产品加工上市企业达到 5 个以上,农产品加工业产值占一产总产值 30% 以上。全面完成国家级洛川苹果批发市场建设并投入运行,确保功能得到充分发挥,使其成为全国乃至国际的苹果物流集散、价格形成、信息传播、科技交流、会展贸易中心。

(二) 强化示范园区建设,增强示范引领作用

坚持规模扩展与重点提升相结合、质量安全与供给保障相结合、社会投资与政府扶持相结合、园区增效与农民增收相结合、规范发展与机制创新相结合,突出抓好要素集聚、技术集成、功能拓展、模式创新、效益提升和示范带动,新建 113 个市级高标准现代农业示范园区,改造提升 50 个,到 2020 年建成省、市级园区 200 个,带动建设县级园区 300 个,形成以省级为示范、市级为引领、县级为支撑的现代农业园区发展格局,园区面积达到 80 万亩,产值 60 亿元,园区农民收入高于当地农民平均收入 20% 以上,引领国家现代农业示范区快速发展。

(三) 培育新型经营主体,提升农业组织化水平

(1) 培养农村合作经济组织。坚持家庭经营在农业生产经营中的基础性地位,加快培育新型职业农民,支持农村技术能手、致富带头人和返乡人员从事农业生产经营,发展专业大户,创建家庭农场,领办农民专业合作社。鼓励发展信用合作、土地股份合作、合作联社等多种形式的合作社,推进示范合作社、示范家庭农场创建活动,提高农业生产经营集约化、专业化、规模化水平。到 2020 年,培育新型职业农民 20000 人,发展家庭农场 2200 个、合作社 3200 个,农户入社率达到 60%。

(2) 发展壮大龙头企业。坚持引进和培育并举,落实扶持政策,探索完善"龙头企业+家庭农场""龙头企业+合作社+农户"等经营模式,鼓励企业发展订单农业和农产品期货交易,培育一批引领行业发展的龙头企业。支持陕西果业集团公司、延安果业集团公司、延安供销集团公司、劳山鸡业公司、洛川美域

高生物科技有限责任公司等龙头企业做大做强，争取上市。到 2020 年，培育和引进国家级农业产业化重点龙头企业 10 个、省级 30 个，市级农业产业化重点龙头企业发展到 140 个，每个特色产业都有 2~3 个骨干企业引领带动，全市农业产业化龙头企业产值翻一番，企业平均固定资产、销售收入和利税总额达到全省平均水平。

（3）发展社会化服务。加强基层技术推广服务体系建设，改善基础设施条件和服务手段，实现市、县、乡镇（区域）农技推广服务机构条件建设全达标。积极发展多种形式的社会化服务，引导企业、合作社、专业协会等经营组织开展机械作业、统防统治、规模育苗、农资配送、产品营销等服务。依托科研院所、技术部门组建专家大院，鼓励技术人员领办、创办社会化技术服务组织，开展技术咨询、技术培训和技术承包等有偿服务，提升农业社会化服务水平。

（四）创新科研体制机制，推动农业科技进步

（1）增强农业科技创新能力。统筹跨部门、跨学科农业科技资源，健全农业科研机构，建立职能清晰、分工明确的区域性农业科研创新机制，形成开放、流动、协作、竞争的农业科研创新体系。加强与西北农林科技大学等科研院校的合作，依托洛川苹果试验站、延安小杂粮研发中心、洛川养猪研究院、吴起羊子综合试验站、北部山地苹果试验站、延川红枣苗木繁育试验站和马铃薯试验示范基地，加强农科所、果研中心、畜牧站和林科所等科研单位建设，建立科技创新联盟等科研协同创新研究平台，开展新品种、新技术、新工艺等重大关键技术研发攻关，提高农业科技创新能力。

（2）提高农业科技推广能力。完善农业科技服务体系，实施农业科技队伍提升和农村人才培训计划，建立引进和培养高科技人才机制，培养一支具有开发创新能力的农业专家队伍、科技推广技术骨干队伍和一批有知识、懂经营、会管理的新型职业农民，大专学历以上农业技术推广服务人员占比达到 60%，农业劳动力中持专业证书的人数比例达到 35%。

（3）加强农业科技成果转化应用。实施现代种业建设工程，加大主要农作物和果树、畜禽、渔业新品种的引进、示范和推广力度，苹果、主要粮食作物、瓜菜和养殖业良种化水平保持在 90% 以上。加强新型适用技术、重大关键技术的引进、集成和推广应用，重点推广旱作农业技术、绿色和有机生产技术、设施农业技术、标准化养殖技术和农业生物工程、信息工程等技术，农业集成技术推广应用水平达到 85% 以上，农业科技进步贡献率达到 60%。

（五）改善农业基础条件，提高支撑保障能力

（1）持续开展高标准农田建设。结合实施治沟造地、复垦废弃土地等土地整理项目，不断提高基本农田保有水平。积极实施农田水利建设、中低产田改造和旱涝保收高标准农田建设项目，加强田间道路、灌溉工程建设，推广节水灌溉、土壤有机质提升、测土配方施肥等技术，提高土地产出率和可持续增产能力。

（2）大力推进农业机械化。认真落实农机购置补贴政策，加强农业机械安全监督管理，强化农业机械研发推广，优化农机装备结构，推进农机农艺融合，主攻薄弱环节，大力推广农机深松整地、保护性耕作、秸秆机械化综合利用和主要粮食作物、果业、设施农业、畜牧业全程机械化技术，充分发挥农机在集成技术、节本增效和推动规模经营中的作用。到 2020 年，农机总动力达到 250 万千瓦，主要农作物耕种收综合机械化作业水平达到 70%，林果业机械化水平达到 60%，设施农业机械化水平达到 75%，畜牧业机械化水平达到 50%，力争农机登记率、持证率、检验率达到 80% 以上。

（3）加快发展农业信息化。按照"互联网＋农业"的理念，推进农业电子政务建设，提升农业信息化公共服务平台功能，重点抓好农业资源管理、农业行业管理、农业综合执法、农产品质量安全系统建设。加强农业电子商务建设，强化与阿里巴巴、中国网等知名电商合作，利用淘宝、1 号店、京东等电子商务平台，对洛川苹果、延安小米、延川红枣等特色农产品进行宣传和推

广，搞好洛川、子长等8县区全国电子商务进农村综合示范县建设。运用现代信息技术与手段，建设基于 GIS 的基本农田管理系统、测土配方施肥系统、墒情监控系统、病虫害远程诊治与预警系统，全面提升延安农业产业发展水平。到 2020 年，实现行政村通宽带比例超过 99%，农村百户计算机拥有量达到 70台，宽带接入率达 60%。建立 12316 "三农" 热线推广应用长效机制，热线覆盖率维持在 100%。

（4）加强农业防灾减灾能力建设。加快构建防灾减灾体系，建设一批规模合理、标准适度的防洪和抗旱应急水源工程，提高防汛抗旱能力。健全农业气象灾害监测预警系统，抓好人工影响天气综合基地、人工增雨抗旱和防雹工程建设。强化农业生物灾害监测预警和防控能力建设，加强重大植物病虫害和动物疫病防控工作，提高应急救灾物资储备调运能力，推广相应的生产技术和防灾减灾措施，增强应对自然灾害和重大突发事件能力，防止重大疫病侵入。到 2020 年，全市气象预警信息覆盖面达到 95% 以上，气象观测自动化率、24 小时晴雨预报准确率和人工增雨作业影响面积均达到 90% 以上，暴雨过程预报准确率达到 70%，主要农作物和果树病虫害绿色防控技术覆盖率达到 90% 以上，畜禽群体强制免疫密度维持在 90% 以上，禽流感、口蹄疫、猪瘟、鸡新城疫等免疫密度达到 100%，植物疫情和危险性农业生物灾害发生为害程度处在可控范围，农业政策性保险覆盖范围进一步扩大。

（六）提高监督管理水平，保障产品质量安全

（1）推进农业标准化。围绕特色产业发展，依据国家标准和行业标准，配套制定地方性保障农产品质量安全的生产、分级、包装等操作规范、规程，基本建成以国家、行业标准为主体，地方标准为补充，操作规程、管理规范为基础的农业标准体系。鼓励县区农业部门、生产企业、农民专业合作社制定符合生产实际的操作手册和明白卡，为农业标准化和全程质量控制提供支撑。加强标准化示范园（场）建设，以苹果、蔬菜、畜禽标准示范场为重点，创建国家级农产品

质量安全县 5 个、标准化示范园区(场)200 个。到 2020 年,全市农产品生产基地基本实现生产标准化。

(2)提高监管能力。创建国家农产品质量安全市,落实农产品质量安全属地管理责任,建立健全农产品质量安全监管制度,健全市、县、乡农产品质量安全监管体系,加强"三品一标"认证和农业投入品监管。推动农业执法与质量安全监管有机统一和信息化管理,加强农产品生产源头治理和质量安全追溯管理,启动延安市农产品质量安全追溯管理平台二期工程,开展农产品质量安全专项整治行动,实现全程质量监管。

(3)加强监测和风险防控。健全市县乡三级农产品质量安全检验检测体系,加强队伍建设,改善检测条件,提高质量安全检验检测能力,增加检验检测频次,扩大检验检测范围,实现主要种植业产品、畜禽产品和水产品检验检测全覆盖,建立农产品质量安全长期预警机制,提高应急处置能力,主要农产品质量安全抽检合格率稳定在 96% 以上。

(七)强化农业品牌建设,提升市场竞争能力

加强"三品一标"认证,实施品牌带动战略,加快培育"延安苹果"品牌,大力开展农产品品牌宣传推介活动,鼓励企业、合作社争创"中国驰名商标"、"陕西省著名商标"、"延安市知名商标"和名牌产品,探索建立"公共品牌 + 企业品牌"经营机制,制定完善区域公共品牌管理办法,推行农产品标识包装销售,做大做强洛川苹果、南泥湾蔬菜、延安小米、延安地椒羊肉、黄龙核桃、延川红枣、子长洋芋、甘泉豆腐干等区域性公共品牌。到 2020 年,创建农产品驰名商标和著名商标 15 个以上,打造全国区域公共品牌百强品牌 5 个以上,农产品商标注册、品牌化销售比例达到 80% 以上,符合认证条件的农产品 100% 通过"三品一标"认证。

(八)加强农业环境保护,促进生态文明建设

(1)狠抓农业环境治理。以"一控两减三基本"为目标,建立健全农业环

境保护机构，大力推广节地、节水、节种、节肥、节药、节能等生态农业生产技术，推进农作物秸秆综合利用，发展健康养殖、种养结合等循环农业，开展农产品产地污染源普查，开展"五治一品"行动，加强化肥、农药、农膜、重金属、畜禽粪便、病死畜禽无害化处理等农业面源污染综合治理，不断增强农业可持续发展能力。到2020年，测土配方施肥技术推广覆盖率达到90%以上，化肥利用率提高到40%，努力实现农业部提出的化肥、农药施用量零增长目标，农膜、农资包装等废弃物基本回收利用，规模化养殖场畜禽粪污基本无害化处理和资源化利用。

（2）加强农村能源建设。巩固沼气建设成果，强化服务管理，大力推广"三沼"综合利用技术，加大养殖小区、联户沼气工程和大中型沼气工程建设，稳步推进有机肥商品化生产、品牌化销售、产业化发展，积极发展风能、太阳能、生物质能等其他可再生能源，实现生态环境良性循环。到2020年，建设养殖小区沼气工程150处，累计达到650处，建设规模化沼气工程10处，累计达到40处，基本实现农村能源清洁化。

（3）开展农业种质资源保护。加强对农业可持续发展有重要影响、濒危状况比较严重，且具有重要开发利用价值的农业野生动植物资源保护，对农业遗传资源富集区、典型生态系统与关键物种分布区实施区域保护。推动外来入侵生物防控管理工作制度化、监测预警信息化、防治工作长效化，构建综合防控体系。

（4）实施美丽乡村建设。以净化、绿化、美化农村为目标，按照"建设提升中心村，保护发展特色村，改造治理一般村，撤并搬迁空心村"的思路，围绕36个重点镇、100个新型社区、高速公路、铁路、国省道沿线和市区、县城周边、城乡接合部村庄，改善农村基础设施，发展特色农业产业，有序推进美丽宜居乡村建设。一是结合镇村设置调整、避灾扶贫移民搬迁、农村危房改造、新型农村社区建设、农业产业布局，编制和完善美丽乡村建设规划。二是继续统筹实施好"六通六化"工程，全面改善农村基本生产生活条件。三是加大农村教育、文化、卫生等公共服务设施建设力度，推进城乡公共服务均等化。四是开展生态清洁型小流域建设，普及无害化卫生厕所，支持村庄建立长效卫生保洁制度，探索农村废弃物资源化循环利用模式，全面开展村庄环境整治。五是启动实施以房窑、围墙、门楼、院落和炉灶内部改造和外观提升为主的"五改一提"工程，建设一批具有延安特色的美丽乡村。六是实施好新一轮退耕还林、治沟造地等重大生态工程建设，抓好生态乡、村和国家森林城市创建活动，实施好"三三制"绿化美化工程，加快推进重点区域绿化美化，保护自然景观。

表5-1 延安市"十三五"农业农村经济发展规划主要预期目标

类型		指标内容	2014年	2020年	年均增速（%）
农业效益和农民收入		农业总产值（亿元）	203.20	300	6.71
		农业增加值（亿元）	116.35	160	5.45
		农村居民人均可支配收入（元）			12
现代农业产业发展	苹果	面积（万亩）	336.50	400	2.92
		产量（万吨）	261.44	350	4.98
	粮食	面积（万亩）	300.60	300	-0.03
		产量（万吨）	78.68	70	-1.97
	干果	面积（万亩）	118.50	133.5	2.01
		产量（万吨）	9.80	18.3	10.97
	畜牧	家畜饲养量（万头）	170.82	530	20.77
		家禽饲养量（万只）	849.60	1300	7.35
		肉蛋奶产量（万吨）	11.15	13.5	3.24
	蔬菜	面积（万亩）	35.14	50	6.05
		产量（万吨）	113.00	150	4.83
	水产	面积（万亩）	3.02	3.75	3.67
		产量（万吨）	0.3030	0.38	3.85
农产品加工业		产值（亿元）	48	100	13.01
农产品质量安全和品牌化		质量安全抽检合格率（%）	99.3	96	—

续表

类型		指标内容	2014 年	2020 年	年均增速（%）
物质装备与科技水平		设施农业面积（万亩）	24.15	30	3.68
	农机化水平	总动力（万千瓦）	215.05	250	2.54
		主要农作物耕种收综合机械化水平（%）	56.30	70	3.70
		林果业机械化水平（%）	40	60	6.99
		畜牧业机械化水平（%）	35	50	6.12
		设施农业机械化水平（%）	25	75	20.09
		良种化率（%）	90	90	0.00
产业化与组织化水平		市级以上重点龙头企业（个）	98	186	11.27
		农民专业合作社（个）	2296	3200	5.69
		家庭农场（个）	1405	2200	7.76
		职业农民（人）	3150	20000	36.08

第6章　新时期延安农村公共产品制度建设

第一节　延安市农村基础设施建设

一、延安市农村基础设施建设现状

要坚持立足当地实际，按照"近期与远期结合，用水与节水结合，集中与分散结合，开发与保护结合"的原则，科学规划，合理布局。针对不同人口密度的村庄，要实行不同的基础设施建设，有些村组人口较为密集，可以把这些村组联合起来当作一个整体，进行集中供水；有些村组地理位置相对偏远或者分布分散，可建造井、站、窖等设施来进行分散式供水工程；而有些村组没有安全可靠的水源，可以利用自然条件比如雨水来发展集蓄工程；有些村组距离城镇较近，则可扩建、改建城镇的供水设施，对供水管线进行延伸，通过这些具体方法解决农村群众饮水困难。

农村饮水工程实施重点在县一级，关键在于项目管理。对规模较大的集中供水工程，可以考虑推行项目法人制、招投标制、建设监理制和合同管理制；对小型饮水工程建设，可以组织专业队伍施工，确保工程建设质量；对农户自行建造、自己使用、自己管理的零散工程，政府要对其做好技术指导和相关配套服务与帮助。除此之外，还要对农村饮水工程的竣工工作做好验收，对于验收不合格的工程，要及时重建加以整改，对于造成严重后果和经济损失的工程要追究调查相关负责人以及工作人员的责任，没有经过验收的工程不得交付使用，要对农村相关饮水工程的验收检查工作重视起来。从制度上说，还要不断创新工程管理体制，加快供水水价改革，深化工程产权改革，坚持走以水养水、可持续发展的路子，确保农村饮水工程长期发挥效益。

面对新西部大开发战略的新要求，同时基于坚决打赢脱贫攻坚战的要求，延安农村公路建设要充分发挥交通运输对经济社会发展的引领、支撑和保障作用，其建设思路主要围绕以下三个方面：

（1）统筹农村交通发展战略谋划。制订一项运输行动计划，完成全面小康社会建设，并努力打赢脱贫攻坚战。加快农村公路网改造和优化，启动《农村公路建设计划》修订工作，明确农村公路建设的发展方向。整顿农村公路项目库，把经济效益好的路段纳入补贴项目库，同时要考虑人民群众的实际需要，加快工程建设。

（2）建立交通支持乡村振兴的常态化机制。建立由政府主导，交通、旅游、发展和改革、财政、土地等部门协调的公路建设管理机制，将公路的公益事业与产业廊道的经营结合起来。促进农村公路的健康、稳定和可持续发展。

（3）强化农村道路基础设施建、管、养水平。"致富先修路"的口号并不落伍。乡村道路是乡村振兴的基础。在当前形势下，建设"产业道路、生态道路、文明道路、法制道路、富裕道路"是下一步农村交通工作的关键。

一是着力建设"农村四好路"，加大交通扶贫力度，制定差别化补贴政策，加大对贫困地区的财政投入，着力改善贫困地区群众出行条件，为打赢脱贫攻坚战做好准备。提高农村公路建设水平，积极推进农村公路特别是县道改造。大力扩建改造农村 4.5 米以下窄面公路，满足客运专线和农村公共汽车基本需求，满足城乡客运一体化需求，推进优化。改善路网结构，提高农村公路建设水平，加快农村公路险桥改造，健全农村公路安全与生命保障工程，健全农村公路工程质量保障体系，推进农村公路质量安全工程建设，推进"平安农村公路"建设。加强农村公路管理和养护，推进农村养路模式改革，提高省级补助标准，通过建立地方投资和养护成果奖励而非补贴的机制，对农村养路项目实施综合激励。

二是将乡村交通与美丽乡村建设充分结合起来。依托乡镇公路建设，根据地方特色，开展"美丽乡村公路示范镇（街）建设"，加快构建"畅通、安全"的新农村交通发展模式。要施工与维修并重、外部通道与内部连接、安全和舒适、道路区域清洁整洁、优质服务。加强城镇和街道建设，形成布局合理、排水通畅、设施齐全的内部路网，为用水设施和厕所改造奠定坚实的基础。

二、延安市农村基础设施建设思路

（一）发挥农村公路建设中农民的主体性地位

要进行农村公路建设，真正做到为农民服务的目的，将公路的使用价值发挥到最大化。首先，要做好前期的需求调查工作。前期调查需要充分尊重农民意愿，项目前期讨论应该从农民的视角和利益出发，并结合新农村建设的需要。尊重农民群众意愿的核心是实行民主决策，需要鼓励农民在筑桥修路的民主决策中发挥自身潜力、体现自身利益、保护自身权利。不能违背农民意愿修路，切实考虑到农民需求，而不是仅从政绩角度出发的项目，才能真正发挥公路项目支持农业运输和增加农民收入的作用。其次，在修路的过程中，应该强调农民的主体地位，调动农民群众修路的积极性，鼓励农民自愿投工投劳，争取在农田示范区、生态观光园、畜牧养殖基地等客流、物流集中的区域也能满足农民对公路的需求。当然，在修路过程中，要按照政府预算和农民的实际投工投劳能力进行权衡，不能增加农民不合理的负担和债务，应该保证农民拿到投劳应得的工资。

（二）做好农村公路建设资金来源及监督管理

农村公路建设主要依靠财政和社会的资金投入，因此资金问题是农村公路建设的关键。政府对于农村公路的建设，提出了"国家投一点、地方筹一点、社会捐一点、群众出一点"的投融资机制，这表明，要想促进农村公路的建设，必须形成在公共财政框架下的多元投资体制：中央和地方财政投入为主导，社会力量广泛参与为辅助，加上农民自身量力而为的筹资和劳动投入。当然，市县政府作为农村公路建设的责任主体，县级政府财政预算应是农村公路设施建设的主要资金来源，并且农村公路属于农村公共设施建设，是公共财政支出的经常性项目，也是公共财政的重点扶持项目，省级财政每年会按一定比例增加市县财政配套资金，用于农村公路建设。除了一定比例的国家和省级扶贫资金以外，省交通规费收入增量部分也是农村公路建设的部分资金来源。当然，还可以考虑吸收社会资金投入到农村公路建设中，如利用出让冠名权等方式，企业、社会团体和个人捐资都可以成为修路资金的来源。在公路建设中，要充分发挥农民群众的积极性，他们不仅可以筹集到一定的公路建设资金，更重要的是他们可以投入劳动，所以，更要发挥农民群众的主动参与性，自愿出工。

在资金的管理过程中，除了资金的有效使用外，更重要的是加强资金的使用监管，以此确保资金安全，这样不仅能提高资金的使用效率，更能保证建设项目的有效进行。因此，要对通村公路建设资金实行专项管理，做到专款专用，任何单位或个人不得截留、挤占和挪用。同时，资金使用情况和工程项目的进展应该及时公布，自觉接受项目所在地群众与社会监督。

（三）延安市农村公路建设质量保证措施

以人为本和安全至上是农村公路建设过程中要坚持的理念，首先要尊重自然、保护环境，其次要坚持可持续发展，合理选用指标设计项目，体现"安全、环保、舒适、和谐"。在技术标准和路线方案选择上，首先要节约用地，想方设法不能占用或少占耕地资源，保护耕地。其次要保护生态环境，在农村公路建设过程中要做到尊重自然、顺应自然；在路面结构选择上，要结合各农村实际情况，因地制宜，选择适合农村实际情况的、性价比高的路面结构形式，要考虑到后期农民的养护工作是否方便等，不应局限于沥青路和水泥路，做到以最小的成本实现最大的收益。

（四）完善延安市农村客运网络

延安农村客运中目前普遍存在许多问题，例如，一些农村客运网络税费负担高，客运车辆大多陈旧且外表不整洁，更重要的是缺乏定期的维修保养。加之客运公司经营行为不规范，客车服务人员服务意识弱、服务质量差等问题严重突出。为了保证农村客运的顺利运转，要加强安全管理，严把农村客运市场准入关，消除安全隐患。农村客货运输要坚持建、管、养、运并重，因此，在建设农村公路的同时，要把客运运输也一并考虑进来，同步规划、同步建设，这样的协调发展才能实现效益最大化，充分发挥农村公路的巨大效益。同时，在经济较为发达一些的农村以及城市近郊的农村，可以考虑对现有的客运路线进行改造和延伸，增加班次以缩短每班次的间隔，这样不仅能方便农民出行，而且可以逐步实现农村客运网络与城市公交网络的衔接。

三、延安市农村基础设施建设方案

第一，坚持因地制宜和科学指导。延安农村基础设施建设的重点是农村饮水和水资源保护，这是由于延安水资源缺乏。因此，每个县和乡镇农村都要坚持科学发展，坚持实事求是，一切从实际出发，并且要抓住主要矛盾。总体来说，延安要加快实施板块推进战略，完善农村饮水建设，做好水资源保护、基本农田和淤地坝系项目建设，使退耕还林的成果持续下去，为经济发展创造条件。

第二，落实政策和增加投入。加快推进农田水利建设，关键是加大投资力度。政府以县为单位，规划整合水利、水利建设、水利、农业开发（扶贫）、土地整理、工业贸易等各类资金。但在资金使用、规范管理、提高资金使用效率的过程中，必须坚持不改变资金使用方式和渠道的原则。严格区分允许农民自愿出资改善生产生活条件的政策和增加农民负担的政策，充分发挥农民主体作用，调动和引导农民积极参与。加强农田水利和洪涝灾害修复，加快建设和谐美丽家园。

第三，加强监管，确保质量。在水利建设中，不仅要保证工期，而且要保证工程质量。小水利建设应严格执行省小水利基本建设补贴支持措施，按照"计划"组织和实施，特别是认真落实资金分配和验收，确保工程建设高起点、高标准、高质量、高效率。对重大工程和技术含量高的构件，如水损维修、检查、指导和技术服务等，要加强工作，特别是要结合关键构件和施工组织的技术要求，结合专业队伍建设方法，要确保工程质量。后期的质量监督十分重要。如果质量不合格，就必须进行再加工和重建，否则后期会出现质量问题，甚至影响未来的农业发展。一旦发生工程质量事故，一定要追究法律责任，否则久而久之，这种监管不到位会造成更加严峻的后果，农民未来的生产利益将得不到任何保障。

第四，不断追求创新。在新形势下，加强农田水利基本建设与管理的机制、模式也可能不同于从前。农田水利基本建设要依托项目带动，进行小型农田水利工程建设管理制度改革，而这种建设管理制度的改革以产权为核心，以投资方和受益方一致为原则，规范运作程序，促进产权流转，将经济学的基本规律运用到水利基础设施建设中。只有当建设项目具有了明晰的产权，才能真正实现责任落到承担方，对项目的管理也才能有激励，水利建设项目才能为农民提供优良的服务，从而使水利设施的使用价值才能得到充分的发挥。此外，在建设过程中，要做到从群众中来，到群众中去，要重视农民用水户提出的要求和建议，并且汲取这些建议的可取性，参考他们在参与水利工程建设管理方面的经验和做法，这样才能充分调动群众的积极性，使他们参与到灌区建设和农村供水工程建设管理中。

并且，针对延安市饮用水安全问题的存在，必须从根本上改善农村饮水工程项目的运行机制。①多方筹集农村饮水安全项目资金，扶贫资金、以工代赈资金、水源保护资金、企业排污收费资金等。②贫困县可以考虑以成熟的项目，积极争取中央财政对饮水项目的支持和投入，争取有关国际组织和发达国家支持农村饮水工程的资金。还可采取市场化方式，从社会上引资金，采取独资、合资、股份合作等多种形式，引导民营企业和私人资金，用于饮水工程建设。③积极调动用水户的参与性，使其积极参与到用水的管理中，这样延安市的饮水工程机制才能有效接受用水户和社会监督。④定期对水源、出厂水和管网末梢水的水质监测和检测，对外公布检验结果并接受监督。

第二节　农村科技教育产品提供制度建设

一、延安市农村科技教育公共产品现状

农民是发展农业农村经济的主体，搞好农民培训工作，培养适应形势要求的新农民是各级政府的重要职责。农民培训工作要以转岗就业技能和现代农业实用技术培训为重点，不断提高农民的综合素质。一是要根据劳动力市场需求情况，实行有组织的培训、输出和管理，促进农村劳动力转移，拓宽农民增收渠道。二是扎实开展科技入户工程，为农村培养一支"永久牌"的科技推广队伍。三是要抓住当前生产技术中迫切需要解决的问题，组织各级科技人员开展经常性的科技下乡进村入户活动，提高农民的科学务农水平。"十一五"末，延安完成农民绿色证书培训 6 万人，完成农民中专学历培训 5000 人。

近年来，延安坚持"巩固，改善，发展并举"，"围绕产业办协会、办好协会促产业"的方针。延安市科技协会系统在做好"百强农业技术协会"的重点工作的同时，对协会进行了全面整改。在改组的基础上，有必要加强建立以地方主导产业和优势产品为中心的农业技术协会的工作。同时，围绕主导产业和特色产业建立协会的特征更加突出。围绕延安四大主导产业的发展，已经基本建立了一些在延安新成立的农业技术协会，其中多数专门从事特殊农业。

农技协会的服务范围和服务领域都在进一步拓宽，不再局限于发展单一的技术服务，它的服务大多已经实现了多样化功能。在部分县乡，农技服务协会会员开展良种供应、化肥、农药、农产品加工销售等新技术、农资推广等多元化服务，取得了良好的社会经济效益。

（1）依托"能人""邻里"效应，加速新技术、新成果推广。通过利用农民之间的亲属关系以及在同一个地方生活的关系，以及它的直接技术交流和畅通的信息渠道，协会的先进成果可以迅速引入农村，并且可以向公众传播，加速新技术的普及和应用。许多农业技术协会建立和完善了技术推广制度和长期机制，建立了专门的群体，根据实际需要向农民介绍科学技术进行生产。因为协会相关高校、科研机构、农民、农村科技示范基地，扩大了市场的明显优势，同时发现农民"活水"，技术成果和科研单位找到应用程序对象，这让农民技术协会重要力量成为了新鲜力量，促进了农业科技的进步。协会通过定期地向农民进行技术培训，派遣相关专家对其进行现场指导，把改良出来的优质种子进行引进和种植，大力推广和应用新技术，极大地提高了群众科学种养水平和农产品科技含量，从根本上增强了农产品的市场竞争力。

（2）培养农村乡土人才，留下不走的技术顾问。一方面，协会通过搭建技术和业务交流互动平台，组织分散、熟练的技术人员相互学习，提高各行业的技术水平；另一方面，通过各种方式把科学技术知识和操作技能传授给群众，使每个成员都成为生产中的技术骨干。蔬菜种子育种技术研究所采用农时培训和农时田间咨询的集中制度。多年来，多次举办蔬菜种子生产技术培训班，使不少农民受益。同时，协会还选拔优秀的会员到西北农林大学学习，使他们成为真正的求实与理论并重的"专家"。

（3）促进农业结构调整，加快工业化步伐。农业技术协会在一端连接农民和市场。要实现成员与市场的有效对接，就必须实现小家庭生产向大家庭生产的转变，以赢得市场竞争中的主动权和话语权。要取得这一地位和资格，协会必须组织广大农民群众，以工业为依托，以市场为导向，大力推广品名、专种、优新品种。同时，与区域布局相结合，实现专业化生产、社会化服务、规模化经营，培育特色产业，形成比较优势，实现规模效益，促进农业结构调整，加快农业产业化和现代化进程。

（4）提高农民组织化程度，增强广大农户抗御风险的能力。引导农民结合在一起进入市场是农村专业技术协会的主要任务之一。协会必须设法组织一个家庭、一组村庄，数千个家庭的分散经营，集中规模经营，这样才能形成集体力量，发挥专业集群的优势，增强协会的竞争力。因此，通过全体成员的生产和技术的统一，为基于规模优势的高产奠定了系统、机制和技术基础。农业技术协会的发展过程实际上是不断提高农民组织水平和增强抵御市场风险能力的过程。

延安农村科技教育产品建设存在的问题：

首先，人们尚未意识到农业技术协会的重要性。在某些部门和地区，农业技术协会的建设尚未纳入农村科技、经济、社会和市场经济发展的总体规划。他们没有意识到农业技术协会是当前农村地区和新社会主义社会服务体系的重要组成部分。农村建设的重要力量，因此对农业技术协会的关注和支持远远不够。尽管有些人看到了农业技术协会的重要性，但他们试图遵循旧的治理体系来建立和管理这个组织，把这个群众组织变成了官办的机构。

其次，发展不平衡的问题仍然没有解决。协会的发展不平衡反映在各个地区，这表明发展的程度差异很大。在条件良好的地方，该协会几乎涵盖了大型农业的每个领域，但只有一两个贫困。这表明该协会仍有很大的发展空间，其任务繁重。与协会相比，水平有所不同。有些已经发展到中高层甚至是集团公司，而另一些则维持较低的水平。

再次，扶持的政策环境有待取得突破。随着市场经济的发展，农业技术协会必须参与诸如改良品种、肥料、杀虫剂和仪器之类的材料的供应以及提供技术服务。只有延伸服务和产业链，我们才能增强会员的凝聚力和市场竞争力。但是，农技协的地位不同于政府的农业技术推广部门和其他部门，在工商、税收、贷款和农业资源等方面的优惠措施仍然很少，这给农技协带来了很大的困难。农业技术协会的许多实体开展科学普及和工作，缺乏活力，缺乏发展动力。

最后，农业技术协会的管理需要提高其质量。大多数协会是由农村的善于种田和善于养殖的养殖户发起和建立的，这样建立起来的协会的决策机构是金字塔式的，决策者单一且决策权力较大。另外，周围成员的民主意识仍然薄弱，参与决策的意识并不强，直接导致协会出现很多管理问题，例如内部管理滞后、机制和制度不健全、产权不清等。为了使协会持续发展，尽快适应市场经济的规律与发展，必须加强对协会主席和秘书长的培训和教育，尽快提高协会管理层的专业素质和管理水平。

二、完善延安市农村科技教育的建设思路

基于在调研基础上掌握的资料，延安目前对于发展农村科技教育投资与国家的整体方针是一致的，但延安也要从实际出发，实事求是，根据自己的实际情况制订发展方向。其中重要任务是大力建设农村信息化基础设施。

（一）建设可持续发展的硬件设施

随着农村经济社会的发展与国家政策对农村的重视，延安电话电视覆盖率已大大提高，解决了农村人口看电视收听广播的问题，已基本上可以满足农户的需求，但计算机的普及却相对落后，尤其是延安农村的计算机普及率远远落后于发

达省市的农村。这不仅阻碍农民生活水平的进一步提高，甚至在很大程度上会限制农村科技教育发展以及农村的信息化发展。因此，在基础设施建设的过程中要首先满足农户对于网络的需求，加强对计算机的普及，解决他们的上网需要。

（二）规范专业性的软件设施

通过调查我们发现，在延安农村市场服务的人员大多数是偶尔兼职的人员，还有一些科技下乡的工作人员，因为他们大多不是专业的技术人员，因此对农业科技相关内容的了解并不深，在很大程度上并不能解决农民在生产生活过程中对于技术的需求。农民的问题无法解决，农村的建设便很难进步。因此，在做好硬件设施服务，加强科技基础设施建设的同时，也要做好相应的软件服务，提高农业服务人员的科技素养与服务水平，使延安农村信息化基础设施的建设达到可持续良性的发展。

（三）构建农村信息化基础设施建设模式

一是在经济发达的农村地区，主要提供软件基础设施服务。延安各县农村发展条件不同，发达地区条件较好，可以利用自身的有利条件吸引投资，加强信息基础设施建设。同时，经济发达的农民具有发展思想的特征，乐于投资。一些开发人员准备添加功能以满足他们的需求。这些设施本身具有积极的外部性，因此可以推动整个地区的基础设施水平。对于经济发达的农村信息化建设，政府和电信企业主要可以提供一些"软件"设施，例如，相关企业或设施人员的指导，做一些实用的农业信息服务平台，只要电信公司重视指导和信息服务到位，做好信息技术应用的开发和推广就可获得良好的效果。

二是在欠发达农村，应加强硬件设施建设。信息化的最基本要求是满足农村用户的基本通信需求。在经济欠发达地区，电信企业和政府应首先建立基本的通信网络，确保这些地区农民的基本通信需求，然后引导经济欠发达地区的农民向多信息化方向发展，使农民可以通过信息手段实现致富的目标。根据欠发达地区的特点，电信企业应与有关高等学校，农业部门开通农村信息服务专线，及时、便捷地为农民提供农业技术、农产品和副产品知识、科学技术信息服务，为农民提供实用的信息，使欠发达地区逐渐发展起来。

三、建设案例：吴起县的成功经验

吴起县位于毛乌素沙漠边缘，因为之前经济不发达，民生得不到改善，基础设施不完善，尤其在教育资源方面的缺陷甚多。2003 年，能源价格飞涨。吴起县石油资源丰富，盛产石油，借着这种资源禀赋，吴起县的经济开始快速地发展。2002 年吴起县地方财政收入 8800 多万元，2009 年为 16 亿元。2009 年，吴起县排在西部百强县第十九位。2007 年 6 月，44 岁的冯振东调任吴起县委书记，成为吴起县全民免费教育的"推手"。他认为，吴起县的资源总有一天会枯竭，在县财力好转的情况下，应该把教育放在优先发展的战略位置。在吴起县，虽然财政收入暴增，但农民的收入并无同比提升，有钱人只是少数。在农民家庭，如果有一个大学生，或者有一个高中生，经济就会十分困难，甚至会倒退至贫困状态。经过调研，吴起县领导认为，优先发展教育，是把现在的石油资源转移到今后的人力资源上。2007 年秋季吴起县开始施行"免费高中"。

三年来，吴起县财政为高（职）中免费教育投入 3531 万元。因为这种教育方面的大量投入，原本不愿留在吴起县读高中的生源开始大量回流。2006 年，吴起县中考成绩排名的前 100 名里只有 8 位学生留在吴起县继续读高（职）中；在吴起县财政为教育免费投入后，中考成绩的前 100 名有超过 60 名继续留在吴起县读高（职）中。吴起县在教育方面的投入除了让学生的教育成本下降之外，还面向全国招聘多名高中优秀教师，以此提高吴起县的教育质量，至此吴起县的高考升学率大幅提高，二本上线学生的数量也大大增加。

这种免费教育无疑是"人民满意的教育工程"，它不仅包括学校以及学习环境等基础设施建设这方面的硬件投入，还包括教育资源、师资力量等软件上的更新。2007 年 9 月，吴起县为教育投入财政 3.5 亿元，对全县 24 所中心小学进行改扩建。其改扩建标准甚至高于教育部制定的一类标准，所有中小学的基础设施都大大完善，不仅配备了公寓、餐厅，还建造了创作室等来培养学生的课余兴趣爱好。除此之外，吴起县还为中小学配备了接送师生上下学的豪华中巴车，为此花费数百万元。教育资源的大量投入还使得县里压缩了县政府配车，甚至开大会时，县里还需向学校借车用。

"人人技能工程"规定，45 岁以下的青年，都可以享受免费技能培训，这是"人民满意教育工程"中的一项。"人人技能工程"是对 15 年的免费学校教育的延伸。吴起县的一项调研显示，针对农民而言，初高中以上文化程度的农民收入是小学文化程度农民的 4.3 倍；对于外出劳动力而言，有技术外出劳动力是无技术外出者收入的 1.86 倍。由此可见，虽然农民的收入高低有很多因素影响，但文化程度的高低、有无技能，是决定农民收入高低的一个最关键因素。2007 年，吴起县成立了"人人技能办公室"，这是全国独一无二的。基于让吴起县农民学到真本领的基本目的，"人人技能办"和山东蓝翔技校、渭南莆田学院等全国 20 所职业技术学院签订培训协议。在吴起县，45 岁以下初中以上文化程度的农民只要报名就可以在这些学校学习包括计算机应用、维修汽车等长期培训，也有吊机驾驶、美容美发、厨师等短期培训，甚至包括足疗，并且全部费用由政府支付，符合条件的农民可以免费学习，以此来提高自身技能。"人人技能办"成立之后，为吴起县培养了大量青年农民，使他们掌握了除务农之外的众多技术，其中海员培训的学费最高，需要 3.5 万元，目前为止经过海员培训的不少学员已经上岗就业。并且吴起县为教育资源大量投入，但这种教育资源的免费投入并未减少其他民生项目。这几年，吴起县在医疗卫生等领域也投资巨大。例如，2009年，除了延安上收的 4 亿元，吴起县的可支配财政收入约 12 亿元。其中教育经费支出 2.8 亿元，占地方财政支出的 23.7%。除此之外，吴起县通过限制石油开采，发展第三产业和发展旅游业逐步丰富了经济结构，财政收入可以保证长期免费教育。

第三节　延安市农村医疗福利制度建设

一、延安农村医疗福利制度建设现状

以十六届五中全会精神和"三个代表"重要思想为指导，树立和落实科学发展观，认真贯彻新时期卫生工作方针，坚持政府主导部门协作、社会参与，充分整合卫生资源，建立健全基层卫生服务网络；坚持预防为主、综合服务，完善农村医疗卫生服务功能；坚持人才为本、质量优先，加强农村医疗卫生队伍建设，提高基层卫生服务水平；坚持分类指导、均衡发展。通过努力，建成体系完整、布局合理、水平一流、人民满意的农村医疗卫生服务体系，为实现两个率先、构建和谐社会提供有力保障。建立基础设施齐全、基本装备配套、人员素质较高的农村医疗卫生服务体系，转变服务模式，完善综合卫生服务功能，增强服务能力，提高服务水平，努力为群众提供低成本、广覆盖、高质量的基层卫生服务，以主动服务、上门服务、家庭服务为主要服务方式，切实减轻居民医药费用负担，有效缓解群众看病难、看病贵的突出矛盾。进一步加强基本医疗和公共卫生政府投入保障机制，明显改善农村基础卫生状况，确保人人享有基本医疗和公共卫生服务，提高人民群众健康保障水平。

延安现有各类民政保障、服务对象71.58万人。城市低保对象2.06万户、5.5万人，占全市城镇人口的10.1%；农村低保对象4.6万户、12.7万人，占全市农业人口的8.1%，其中农村五保对象0.497万人；重点优抚对象1.68万人；各类残疾人8.5万人；60岁以上的老年人18.2万人，其中农村老年人近13万人；每年需因灾临时应急救济人口近25万人，其中有10.2万特困对象需要经常性的救助。近几年来，由于对医疗卫生服务的大量投入与建设，延安的农村社会福利事业发展越来越快，与过去相比，特征如下：

第一，五保户福利是农村社会福利的主要组成部分。所谓五保，主要包括以下几项：保吃、保穿、保医、保住、保葬（孤儿为保教），他们是我国农村的主要社会福利对象，尤其是无依无靠的老年人。而五保户福利的特征是以分散供养为主，集中供养为辅。目前，延安五保供养对象的生活补助主要靠省、市财政的转移支付解决，供养标准每人每月 60 元，主要由地方政府使用农村税费改革转移支付五保户供养资金。

第二，加大对农村社会福利机构的投入。随着社会的发展，我国人口老龄化问题日益加重，延安也同样如此，为了适应农村人口老龄化的发展趋势，延安采取了很多措施，例如，加大对农村养老服务机构和设施建设的投入，建立农村养老院。对于已有的敬老院，根据实际情况，积极调整思路，科学规划，重点支持改建和扩建，使之更适合老年人生活。如此有计划有针对性地加大对农村福利机构的投入，很快带动了整个农村福利事业的发展。

第三，农村社会福利机构的服务和功能正在扩大。在延安农村地区，许多老人养老机构，如疗养院、光荣院、养老公寓等，以及社会福利服务设施，如活动中心、活动站等，已被改建。为老年人增加了各种服务，以满足他们的基本生活和精神需求。社会福利机构开始向公众开放服务。他们不仅为老年人提供"五保"服务，而且逐步为老年人提供寄养、养老和家庭护理等临时服务。在某些地方，乡镇养老院还负责对老年人护理服务管理中心的分散支持，定期支付生活费用以及对村庄供养和护理工作进行定期检查及监督。

第四，农村残疾人的生活和身体状况得到很大改善。为了帮助贫困地区的贫困人口摆脱贫困，尽快致富，中国残疾人联合会和中国农业银行于 1992 年共同制定并实施了《康复扶贫贷款计划》。在过去的十年中，通过折扣贷款和地方政府的配套资金的帮助，许多贫困地区的残疾人摆脱了贫困，他们衣食住行的基本需求得到满足，并在一定程度上提高了他们的生活水平。通过政府财政支持的康复治疗，许多残疾人已经恢复了健康。

延安农村社会福利事业与其社会和经济的发展水平并不相适，其农村福利事业远远达不到现在延安的经济社会发展水平，并且存在诸多问题。究其原因，这是长期以来由于缺乏统一规划，结构混乱，社会福利机构匮乏而导致的。具体表现在以下几方面。

1. 农村社会福利覆盖面狭窄，供需矛盾尖锐

以农村老年人社会福利为例，随着农村老年人人数越来越多，延安的农村社会福利设施供给远远满足不了日益增长的需求。据市民政局调查测算，全市农村敬老院只能满足很小一部分老年人的养老需求，其中大多数是五保老人。因此，就目前来看，延安农村现有的养老等福利设施覆盖面窄，只能保障一小部分福利对象的需要。

2. 农村社会福利地区发展不平衡

社会福利事业的发展离不开经济社会的发展，经济社会发展水平高，政府对社会福利事业的投入会随之加大，农村的社会福利事业自然会发展起来。可以说，经济社会的发展水平在一定程度上决定了农村福利事业的发展。因此，延安经济发展不平衡，这就决定了延安不同地区农村社会福利事业的不平衡。

第一，对于社会福利机构的数量，全市仍然有不少农村没有建设养老院等机构。

第二，对于社会福利服务的项目，在经济发达地区，不仅有养老院、广荣院等老年公寓服务机构，还有社区老人活动中心、咖啡店、活动场所，满足了老年人退休之后康复、医疗保健和精神生活的需求。但是在经济发展不佳的地区，农村只设立了养老院，对五保户的保障措施基本只有依靠养老院来满足，只能满足一部分五保户的生存需要。

第三，对于供养水平，经济发达地区的人均年抚养标准是几千元，而贫困地

区的人均年抚养标准则是100多元，甚至只有几十元。五保户大多采用低生活水平的分散供养形式。有些人只提供食物而不是现金，仅确保接受者不会遭受饥饿和寒冷。另外，仍有许多贫困的老年人不在五保户的范围内。

第四，对于社会福利机构的管理人员的管理水平和服务质量而言，欠发达地区的许多疗养院都具有保守的服务管理理念，管理不足，监督薄弱，有些老人甚至没有服务；有些敬老院的外部环境不好，建立敬老院的规则与思路都比较欠缺，发展缓慢。

3. 农村社会福利各项目发展不平衡

在延安，相对于儿童和残疾人福利来说，乡镇在老年人福利事业方面做的工作和投入的资金较多，在很多农村敬老院和养老院等机构并不少见，服务于五保户，但关于儿童和残疾人福利却很少。

（1）从孤残儿童福利来看，孤残儿童是最脆弱、最困难的儿童，但在延安农村专门的儿童社会福利院基本没有，所以没有固定的机构为这些孤残儿童提供必要的生产、发展、保护的条件。在这些孤残儿童中，部分可以在就近的农村敬老院受到照顾，小部分在亲戚或朋友家寄养，被人领养的更少，而大部分则依旧生活在原本家庭中，与年迈的长辈或年幼的亲人相依为命，如果家里只剩一人，那他甚至会成为流浪儿，基本的生活得不到保障。他们不仅生活贫困，受教育状况更是普遍不佳，甚至得不到教育。除此之外，由于资金投入有限，敬老院缺乏专门照顾孤残儿童的经费，加之乡镇卫生院更是缺乏相关的医疗设备，使得其中的残疾儿童得不到必要的康复治疗，尤其是得不到敬老院照顾的残疾儿童，他们的家庭状况大多较为困难，这种情况他们更是得不到医治。总体来说，延安农村基本没有专门的机构来保护和照顾孤残儿童，在这方面的农村福利事业尚待加强。

（2）从残疾人福利看，农村残疾人由于没有固定的收入来源，经济拮据，生活缺乏保障，大多数的残疾人都无法靠自己的劳动获得收入，只能依靠家庭成员和亲戚的帮助，仅维持温饱的低水准生活状态。农村的大多数残疾人缺乏积极的康复治疗，而且大多数县也没有设立残疾人康复训练中心。各县虽然都设有残疾人联合会，但空有其名，没有真正起到应有的作用，也基本没有提供对于残疾人的就业服务和就业培训。全市农村中可以为残疾人提供就业的社会福利企业更是缺乏，残疾人得不到就业机会，生活困难。

4. 农村社会福利事业缺乏统一的组织管理

目前，农村的福利事业主要由民政部负责。由于各个乡镇对农村福利事业的重视程度不同，各个乡镇对农村福利事业的安排和人员配备也不同，有的乡镇由一名分管领导和一名民政助理员负责和管理，而有的乡镇则只有分管领导，未配民政助理员，因此在落实工作时就会面临较大的困难。此外，农村社会福利事业除了要满足特殊人群的基本生活需要，还要满足特殊人群的特定需要，如五保老人的医疗需求、孤儿的受教育需求、残疾人的康复需求，等等。同时，除了要满足老年人基本的生活需求外，农村福利事业还要满足孤残儿童的受教育和康复需求等针对特殊人群的需求。要满足这些方面的需求，涉及各级政府的财政、民政、教育、卫生等多部门，而这些众多部门由于各个部门有各自的规定和工作内容，所以很难协调一致。种种原因都导致延安的农村福利事业缺乏统一的组织管理，发展水平不高。

总之，由于各种原因，目前延安市农村社会福利事业仍处于低水平的发展阶段。准确地讲，延安现阶段的农村社会福利仍然保留着救济性的性质。

二、延安农村医疗福利事业制约因素

多年来，尽管政府高度重视城乡困难群众的生活问题，但随着市场经济形势的不断发展变化，新矛盾、新问题相继出现，城乡困难群众在生活、医疗、住房、教育等方面仍然存在着很多困难，社会救助的力度同现实需要还存在着很大差距。

首先，政府对农村社会福利事业的发展重视程度不足，城乡社会福利政策显失公平。长期以来，城乡的经济发展模式不同，政策对于城市与农村的偏向也不同，这种城乡发展的不同之处反映在社会福利领域，就会显出不公平。城市实施企业福利、民政福利。对于国有企业，企业福利实际上是政府的福利，而农村实行集体福利的五种保障性质。自 20 世纪 90 年代以来，民政部提出了社会福利的社会化，并逐步形成主导地位为国家，集体福利机构为骨干，社会福利机构为权力管理的新增长点。社会福利事业多渠道发展，多种形式的地位，导致福利机构的数量迅速增加。但是，这些新的社会福利机构主要集中在城市，收养者也主要针对城市老年人。农村居民留在养老院享受五保待遇的要求尚未解决，五保户大多数仍然分散。而且，城市的"三无"对象现在已被金融体系覆盖，而农村的五保户则完全由农民负担。同一个人在不同地方受到不同对待，并且同一政府责任部分由政府财政承担，部分由农民承担，这显然是不公平的。

　　其次，农村集体经济大多亏空，经济基础较差，基本无法负担农村社会福利事业发展的资金需求。随着农村家庭联产责任制的实行，村集体的经济能力日益弱化，部分甚至出现"空壳化"，农村五保供养制度长期以来实行由集体经济"统包统养"的形式。更为严重的是，全市乡镇和村级绝大多数都负有大量债务，导致这种情况的原因很多。但由于乡镇和村的财政出现负债，迫于还款压力，乡镇和村会直接削减农村福利事业的资金投入，例如，会削减对孤残儿童和五保户的经费支出。久而久之，这种情况毫无疑问会制约农村福利事业的发展。

　　最后，五保户供养标准的提高与减轻农民负担矛盾较为突出。长期以来，供养五保户的资金来源于乡统筹、村提留。近年来，国家为发展农村经济，增加农民收入，实施减税增收的改革，取消了乡统筹、村提留等收费，部分农村税费改革试点地方正逐步减免农业税。但相应的五保供养经费还没有明确其新的来源途径，因此实际工作中要么仍由农民负担，要么五保供养资金来源受到严重影响，甚至处于资金来源缺位状态，税费改革后的五保户生活堪忧。由于供养资金投入不到位，以及五保户供养标准的提高，导致有一些符合"五保"标准的老人得不到五保政策的供养。以上情况说明，农村集体经济供养五保户都困难，至于残疾人、病人，其他穷人弱势群体的福利待遇就更不用说了。

综上所述，尽管延安农村社会福利事业近年来取得了长足的进步，但仍处于低水平，发展中面临许多困难。当前，迫切需要解决各级政府对农村公益事业的责任和农村公益事业的资金来源，以确保对农村相应群体的社会福利待遇。同时，我们还应该看到，农村社会福利的发展显示出明显的区域主义。经济发展水平较高的农村地区的社会福利水平较高，而经济发展水平相对落后的农村地区的社会福利水平较低。因此，从长远看，保持延安城乡社会福利事业的均衡发展，将是今后农村社会福利事业的发展方向。

三、建设案例：子长县医疗改革试点县的经验研究

近几年，医患矛盾和老百姓"买药难、买药贵"等问题层出不穷，其一直是群众反映强烈的社会问题，同时也是我国医疗体制改革的攻坚项目。延安子长县同样也把医疗服务和药品价格作为医疗体制改革的重点，人民医院在县委、县政府的领导下采取了一系列的医疗改革措施，将医疗服务和药品价格下调了一半以上。调查显示，子长县90%以上到医院就医的患者对此项改革表示满意。"子长医改"的做法，提高了医疗服务水平，降低了药品价格，不仅让患者大大满意，解决了老百姓看病难、买药贵的难题，而且得到了卫生部领导的充分肯定，将其作为案例来为全国医疗改革工作提供了思路。

（一）运用市场手段，切断医药厂家、医药代表与医务人员之间利益链

虽然县级财政收入并不充裕，但为了解决人民生活困难和医疗费用高的问题，县级政府针对县医院出现问题的原因，逐年增加对医院的财政补贴，这是行政手段。在解决医疗费用高的问题上，用市场手段才能治本。运用市场手段控制人为的药品价格虚高，主要从药品的生产、流通到销售各个环节改革，并且要实

施有效的监督机制。自 2009 年 6 月起，子长县实行全县统一招标采购，改变了医疗单位采购药品的做法。通过县级招标统一采购，切断中间环节，降低流通成本，提高药品价格公开透明。县人民医院公开委员会公布市场价格、集中采购价格和数千种药品降价情况。通过集中采购和统一配送到所有公共医疗机构的县，减少流通环节，药品制造商之间的利益链，医药代表和医务人员利益被切断。低价格的药物是通过大规模采购，以便所有药物的质量和价格在城乡都是相同的。实施县级药品统一采购后，1044 种常用药品市场价格下降 40.39%，116 种重点协商药品市场价格下降 48%。与医改前相比，子长县医院的药品总价格下降了40% 左右。同时，子长县取消了原有 15% 的药品价格上涨政策，实行药品零差价销售。仅这一项每年就可直接为患者减轻 500 多万元的负担。自改革以来，住院病人的月平均费用下降了 44.8%，门诊病人的月平均费用下降了 45%。

（二）运用行政手段，改革供养方式，促进公立医院回归公益事业

在一些医院，存在医生给病人开药以便获得提成的现象，这种情况过去在子长医院也存在。这主要是由于政府对公立医院的补贴大多是差额拨款，差额部分要靠医院自身赚钱补贴。正是由于想要赚取利益，个别医生开大处方和高价药以获得提成来提高自身利益。甚至在一些医院存在过度医疗检查的现象，医务人员让患者接受多余的检查，这些检查通常与自身病情无关，同样是为了让患者通过做多余的检查而收取较高费用来谋取私利。

为了从根本上扭转这一现象，改变这些医院部分医务人员的谋利习惯，子长县改变了政府对本地公立医院的财政供养方式，由差额拨款全部改为全额拨款，为医务人员薪酬再增添一条路径，医务人员津贴补助和人才培养费用全部纳入政府财政预算，这是政府办医应尽的责任。这样，医务人员便不会通过各种手段来获取提成，可以将一大笔费用让利给患者。同时，为了让公立医院减轻负担，子长县将公立医院之前的负债 1900 多万元的债务统一打包，由政府财政负责偿还。除此之外，子长县财政每年投入 130 万元，通过奖励为医院发展作出突出贡献的

优秀医务人员来帮助公立医院提高医疗服务水平。除了提高医务人员技术水平以及服务水平这些软件外，县政府还增加了对医疗设备等方面的硬件设施投入，并且规定医院只按成本价格收取检查费用，不用考虑回收仪器成本，这样就大大减少了患者在医院检查身体的费用。

（三）"子长医改"的经验借鉴

"子长医改"开始于 2008 年 6 月，经过改革实践，子长县不仅根除了药品价格虚高的现象，降低了人们看病买药的成本，而且提高了医务人员的服务水平，稳定了医疗队伍，大幅降低了医疗价格，使公立医院不再以盈利为目的，逐步向公益性转变。由此，虽然子长县经济不发达而且地理位置偏远内陆，但成功的医疗改革使得它仍然能够成为全国新医改的探路者，正是因为执政理念。在特定的历史条件下，把医院推向市场，短期也许正确，适当的竞争会使医院发展得更好。但随着医院的基础设施、医疗队伍发展壮大，政府差额拨款的财政支出方式逐渐不适合医院的发展，医院经费不足，经济负担加重，间接导致了药品价格高、医院收费高等现象，从而群众看病难、看病贵的问题越来越突出，这不符合科学发展观的理念。科学发展观要求以人为本，从人民群众的根本利益出发，发展成果惠及全体人民，因此改革势在必行。

从之前的财政差额拨款到如今改革后实行的公立医院全额拨款，并不是重新回到"大锅饭"时代。医疗改革以后，子长县政府对县医院实行收支两条线和会计委派制度，医院的所有经营收入由财政专户监管，医院的利润和县财政的专项补助资金，40%用于医院正常运行，30%用于医务人员的绩效工资和奖金福利，30%作为医院发展资金。实行全额拨款后，县财政一年比过去多支出1000万元，但有效降低了医院的财政负担，从而缓解了老百姓看病难、看病贵的问题，也缓和了医患关系，提高了医疗服务水平。过去是医生开的处方金额为衡量医生业绩的主要标准，医疗改革后，处方数量成为医生主要的考核标准，这样医生开的处方金额高低也不会影响医生的考核，因此医生便没有必要开一些金额高的处方，而是根据病人的实际情况来对症开方。举例来说，如果医生现在再开金额较高的处方，那么病人会减少去这位医生处就诊，那么这位医生的业绩会下降；相反，如果医生开的处方价格适宜，不存在百姓"买药贵"的问题，那么患者大多会选择这位医生就诊。久而久之，这位医生开的处方会越来越多，那么这位医生的考核成绩也相应较高，进而，口碑也会越来越好，因此这会形成一个良性循环。"子长医改"的经验表明，解决百姓看病难、看病贵的问题，虽然投入了大量的财政支出，但主要需要在执政理念上有所转变。在执政能力建设上有所体现，这不是资金的问题，而是社会责任的问题。

第四节　农村生态型公共产品治理制度建设

一、农村环境污染的主要来源与社会危害

党的十八大以来，党中央把生态文明建设作为统筹推进"五位一体"总体布局和协调推进"四个全面"战略布局的重要内容，这对解决"三农"问题、建设社会主体新农村也具有重要的指导意义。在人类历史发展过程中，慢慢形成了人与自然、人与社会环境和谐统一，从而产生了可持续发展的文化成果，生态文明的建设理念，这是人与自然交流融合的状态。生态安全涉及食物安全、饮水安全、居住环境安全、空气质量安全等众多内容，关乎人类自身的生存危机，如生态安全遭到破坏，那么整个人类的居住环境和生存问题将直接受到损害，而且不可恢复，人类就会陷入生存困境。从某种意义上说，生态建设是经济建设、政治建设、文化建设和社会建设的基础和前提，生态文明的实质就是科学地可持续地发展。因此说，城乡一体化，新农村的建设必须首先考虑到资源环境承载能

力，遵循自然规律，以可持续发展为目标，构建资源节约、环境友好的新型社会。

《中共中央、国务院关于推进社会主义新农村建设的若干意见》提出社会主义新农村的目标是"生产发展，生活富裕，乡风文明，村容整洁，管理民主"。由此可见，社会主义新农村建设的其中一个重要组成部分就是村容整洁，而现实中延安的农村容貌却不容乐观，有些农村甚至存在脏乱差的现象。即便有的农村在村里安装了垃圾桶等设施，但由于观念习惯等问题，街道上的垃圾仍然随处可见。因此，改变农村脏乱差、优化农村生态环境势在必行，这不仅有利于农民更加舒适地生产生活，更为实现农村的全面小康社会创造条件。

农村生态问题除了农村生产生活垃圾的处理不当，还包括农业生产中对于化肥、农药的不合理使用，畜禽养殖粪便的不合理处置，以及不科学的耕种方式，这些情况不仅造成了水体、土壤、大气等的立体污染以及水土流失，而且造成了资源的巨大浪费。第一次全国污染源普查结果表明，农业源已成为全国水体污染和土壤污染的重要来源，农业面源污染破坏性增大，农业生态系统退化，危害农业安全，并通过水和食品污染损害到居民健康。从农业面源污染的防治角度看，农村小农户生产形态使农业面源污染管理和控制处于困境。据统计，我国农产品净出口隐含 CO_2 排放量占 CO_2 排放总量比重在 2002 年为 18.86%，2005 年这一比例增长到 31.91%，2007 年增长到 30.82%。随着城市化水平的提高，农业用地以及务农人员都会减少，加上气候变暖对农业生产的影响较大，使得我国农业生产整体受到影响，内需满足程度下降，农产品进口快速上升。与此同时，绿色贸易壁垒对农产品贸易逆差影响持续增加，成为我国农产品贸易和资源环境贸易双逆差的重要原因。

我国食品行业频频爆出的毒牛奶、毒豆芽、瘦肉精、染色馒头等事件，暴露了食品安全及监管的漏洞，食品安全不仅关系到民众身体健康和生命安全，直接影响到我国农产品的出口，也反映出国内农产品在生产方式、行业标准以及监管方面的诸多不足。而农产品出口中的绿色贸易壁垒，一方面是解决经济与环境协调发展的有效途径，它提供了一套统一的环境管理标准，使得各国可以公平竞争，不仅有利于我国农产品质量的提高，更为我国农产品安全生产提供了一个强大的外部推动力；另一方面，为发达国家设置环境壁垒提供了依据，进入发达国家的农产品只有得到"绿色环境标志"才被允许获得市场准入。随着时间的推移，我国经济发展较快，对我国出口农产品绿色贸易保护壁垒还会大幅增加，如何突破"绿色壁垒"已经成为事关我国未来经济增长的大事。我们需要通过这一问题来反省自身，思考为何对我国农产品的绿色贸易壁垒不断增加，根据这种壁垒，我们需要找到农业面源污染的源头，从根本上增加外界对我国农产品的信任，积极调整自身的生产、加工，改变自身的生产方式而跨越绿色壁垒障碍，使农业生产走出一条可持续发展的道路，从而找到农产品出口的新机遇。

二、延安市农业生态环境及农村聚居地环境现状

随着延安农村经济的飞速发展，农民生活水平随之改善，居住环境也发生了变化，但生活水平的提高会让农村产生更多垃圾，导致垃圾数量迅速增长。并且，农村对于生态环境的重视并不与农村经济的发展相适应，虽然农村生产生活垃圾增加，却没有合理的处理方式，最终导致农村生态环境的日益恶化与农民居住环境的脏、乱、差。而且随着现代工业的发展，农村的垃圾成分除了农用化肥等有害物质外，塑料袋等不可降解的塑料用品占据了农村垃圾的绝大多数，并且都得不到有效处置，甚至塑料用品的随处丢弃，加上风力的作用，这些白色污染不仅可能出现在街边，还可能出现在农田、灌木丛中。久而久之对土壤污染加重，不仅对农作物的生长有害，还会影响土壤对于水分以及营养成分的吸收，对农业生产极为不利。

（一）延安市农村生活垃圾问题存在原因

一是随着当地农民生活水平的提高，农民在生产生活中会使用大量的工业制品与化学用品，其中一些甚至成为生活必需品，农民生产生活都离不开这些。与以前相比，农村的生活垃圾不仅数量增加，同时降解程度也大大提高。另外，还有建筑材料的变化，以前农村盖房子大多以石块、泥土、木材等为材料，这些都取自自然，可以降解，非常环保，而现在都变为钢筋、水泥、砖瓦，这些人工材料一旦拆除，会产生难以降解的建筑垃圾。

二是产业结构的调整带来的垃圾问题。近几年，农业产业结构也进行了调整，以前个体户居多，现在由于务农人员的减少与机械化生产水平的提高，农业生产也开始使用机械设备进行大规模生产。这种产业结构与农业种植方式的改变，增加了农民的收入，提高了农业生产的规模效率，吸收了农村的剩余劳动力。但是，这种机械化的生产也增加了垃圾的种类，比如大棚种植使用的地膜等不易降解的塑料用品。这些垃圾很少会被适当处理，他们会留在土壤里而加速土壤的恶化。除此之外还有迅速发展的养殖业，畜禽的粪便由于处理不当，随意堆放，不仅污染空气，而且在下雨天随着雨水流入河中或渗入地下，造成水系污染。更严重的是，畜禽的粪便中可能携带病菌若渗入到水系和土壤中会对人群健康存在威胁。

三是延安农村垃圾处理系统不完善。延安在城市中已经建立了完善的垃圾处理系统，而农村则没有建立起完善的垃圾处理系统，导致垃圾处理不当，甚至没有人注意到农村的垃圾该如何处理。

四是农村人的环保意识薄弱。由于农村人民的生活方式，使得他们大多没有处理垃圾的习惯，加之环保宣传不到位，他们的环保意识更加薄弱，更不用说垃圾分类了。

五是城镇的生产垃圾、生活垃圾大多转移到临近农村。城镇的垃圾处理系统也不完善，其生产、生活产生的垃圾得不到合适的处置，就会转移到附近的农村，而这些垃圾会产生空气污染、水污染、土壤污染，这些会给当地农民带来严重的健康问题，久而久之也会影响到附近的城镇。

生活垃圾总体分为三类：有机易腐垃圾、可回收垃圾（特指可由垃圾回收站收购的垃圾）和不可回收垃圾。然而大部分地区的农村并没有垃圾分类的意识，加之没有统一的生活垃圾收集系统，大部分农村垃圾由农民自行处理，随意堆放或者就地掩埋。这种垃圾处理方式会引发严重的环境问题，近年来，农村人口死亡率和恶性肿瘤患病率都较高，其中伤寒、痢疾、病毒性肝炎、肠道传染病中，41.5%由生活污水引起，33.8%由工业污染引起。因此，农村的垃圾处理方式的改变迫在眉睫，生态环境亟待改善。这不仅能提高农民的生活质量与健康水平，更有利于我国社会主义新农村的建设，是构建和谐社会、实现全面小康的必经之路。

（二）有机易腐垃圾的处理

经过调查和现场观察，有机易腐垃圾约占该地区生活垃圾总量的70%。政府为农村居民处理有机易腐垃圾提供了一定的人力和物质支持。一些农村地区已建成一批沼气池并投入使用。然而，在沼气池的应用中还存在许多问题：①政府资助名额有限；②沼气池需占一定面积；③除去政府资助，村民自己还需要投入1000余元，这是一个经济制约因素；④一部分村民思想保守，对新事物接受较慢，主动性不高。

延安农村的情况：由于煤炭和液化气价格高，没有沼气池的家庭使用苹果枝、秸秆、玉米雄蕊、木材和煤或液化气做饭。有沼气池的家庭，一方面，要花费一年的维护费用，另一方面，特别是在冬季原料不足的时候，烹饪还需要添加其他燃料，甚至需要购买牛粪来维护沼气池。然而，一项全面的分析发现，沼气池需要更广泛的使用，因为它们产生的能源效率主要是甲烷，而甲烷在未来足以用于做饭、照明，甚至可能用于家庭供暖。从资源和环境的角度看，可以间接保护森林资源，减少环境污染。

为了加快延安农村沼气池的使用，政府需要做到以下几点：①加大沼气池家庭建设补贴力度；②加强沼气池施工技术人员的维护和管理，对农民进行技术培训；③继续开展进一步降低沼气池成本、提高利用效率的研究工作。

（三）安居工程建设

实施农民安居工程，要按照陕西省和延安市政府的要求，因地制宜，科学规划，整合各方面社会资源，调动困难群众的积极性和主动性，落实各项优惠扶持政策，有计划、有步骤地组织实施改善困难群众的居住条件，提升农民安居水平。

一是坚持政府引导，尊重群众意愿。在加大政府支持力度的同时，充分调动群众的积极性，积极鼓励和引导他们自力更生建设家园。

二是坚持统筹兼顾，突出重点。坚持与新农村建设、人居环境治理相结合，与当地经济社会总体规划、公共基础设施建设相衔接，统筹规划，分步实施，重点解决无房户及居住在茅草房、危房、危险地带困难群众的住房问题，优先安排贫困户。

三是坚持因地制宜，讲求经济实用。要立足当前，着眼长远，结合当地自然地理条件和经济发展水平，采取集中建设与分散建设相结合、新建与改造相结合等多种方式，建设造价适中、经济实用的房屋，不贪大求全，不加重群众负担。

四是坚持各尽其职，各负其责。各级发展改革、民政、扶贫部门要按照"渠道不乱，用途不变，各负其责，各记其功"的原则，分部门组织实施，按各自渠道管理和使用建设资金。同时，积极整合扶持农村发展的各项资金和优惠政策，形成推进农民安居工程建设的合力。

新农村工程项目建设要充分体现自身的特点和优势，坚持多种治理模式结合，坚持工程建设为人民，并努力做好产权明晰工作，使农民把项目建设当作自己的"责任田"去管理，使基础性工程真正变成治穷致富的德政工程。突破现行计划管理体制，借鉴外援项目计划管理方式，国家是投资主体，真正体现"投资留给政府，管理留给市场，工程留给农民"，增强工程的吸引力、凝聚力，缓解农村劳动力就业问题。

三、新西部大开发背景下农村环境治理机制

延安是资源大市，虽然资源优势明显，但从长远看，仍要坚持开发节约并重、节约优先，建立健全在资源开采、生产消耗、废物产生、消费等环节的资源循环利用体系。要发展清洁能源和可再生能源，保护土地和水资源，建设科学合理的能源资源利用体系，提高能源资源利用效率。要从源头防治污染，改变先污染后治理、边治理边污染的状况，从根本上控制污染物排放，尽快改善重点流域、重点区域和重点城市的环境质量。

（一）延安市农村环境保护的指导思想和总体目标

1. 指导思想

以科学发展观为指导，以改善农村环境质量为目标，坚持城乡经济社会和环境协调发展的原则，提高农村群众生活质量。要以清洁家园、清洁水源、清洁田园、清洁能源为基本任务，强化农村环境综合整治，保证农村饮水安全，重点推进绿色农业，发展农业循环经济，促进农业资源综合利用，为社会主义新农村建设和构建社会主义和谐社会提供环境安全保障。

2. 总体目标

通过加强农村环境保护工作，强化农村环境综合整治，提升农村环境监管能力，提高农民环保意识，使农村环境污染得到有效控制，绿色农业得到发展，农村环境质量特别是重点区域环境质量明显好转，基本解决农村环境的脏、乱、差及农村饮水安全问题。

到2010年，农村饮用水水源地环境质量有所改善，农村地区工业污染和生活污染防治取得初步成效，农业面源污染防治取得一定进展，生态示范创建活动深入开展，农村环境污染状况基本清楚，农村环境监管能力得到加强，公众环保意识普遍提高，农民生活与生产环境有所改善。村镇生活污水处理率达到70%；村镇生活垃圾无害化处理率达到20%；规模化畜禽养殖场废弃物综合利用率提

高 10% 以上；农作物秸秆综合利用率提高 10% 以上；测土配方施肥技术覆盖率与高效、低毒、低残留农药使用率提高 10% 以上。

到 2020 年，农民饮水困难和饮水不安全的状况全面改变，农村人居环境和生态状况明显改善，农业和农村面源污染得到有效控制，农村环境监管能力和公众环保意识明显提高，农村环境与经济、社会协调发展。村镇生活污水处理率达到 50%；村镇生活垃圾无害化处理率达到 50%；规模化畜禽养殖场废弃物综合利用率达到 80%；农作物秸秆综合利用率达到 85%。

（二）农村污染源的治理

1. 保护好农村饮用水源地

饮用水安全是农村污染源治理的首要任务，这不仅对于环境保护有重要意义，对于农民的生存环境与健康更是息息相关。对不同人口密度的村庄，要实行不同的基础设施建设，有些村组人口较为密集，可以把这些村组联合起来当作一个整体，进行集中供水，建设并完善水源地环境保护工程建筑物，防止水源受到污染。若一些村庄没有划定饮用水源保护区，那么要按照相关规范要求依法划定农村集中式饮用水源保护区，对其树立标识牌与警示标示，对饮用水保护区进行保护与明确，同时加强对饮用水源保护区的监管；必须防止水源保护区内出现污染源，如果存在污染源，必须对其依法限期整改或搬迁，防止污染泄漏影响饮用水的安全。不管是集中式还是分散式的饮用水源，都需要对其种类、环境质量、保护区划分状况等进行详细调查，在进行具体的了解之后，才能为其制定保护规划提供科学依据，进而为预防突发情况进行紧急预案的制定。环保、卫生防疫、水利等部门要各司其职，加强对农村饮用水源地的保护与管理，并对其进行定期监测，及时掌握水源质量的状况，防止其受到污染，并自觉接受广大人民群众的监督，及时将水源水质变化情况公布于众。

2. 加大农村生活污染治理力度

按照先规划、后建设和因地制宜、分类指导的原则，有步骤地开展环境综合整治,重点治理农村"脏、乱、差"问题,努力改善农村人居环境。

(1)加强农村生活垃圾处理。对于一些城镇或者分布较为聚集的规模较大的村庄,应该建立垃圾站或者垃圾场。这需要政府资金的投入和政策的引导,使得农民有垃圾定点存放的理念。对生活垃圾统一收回和处理,要雇用专门的人员进行定时清理。有条件的村庄可以对垃圾进行卫生填埋等无害化处理,保证农村环境的整洁卫生,同时对垃圾的集中统一处理有利于资源的可回收利用和节约。对于地理位置偏远、经济不发达的农村可采取就近简易填埋,或者一些厨余垃圾可二次利用,可以投喂鸡鸭,鸡鸭等家畜吃不完的可以用来堆肥,这样的循环利用既避免了资源的浪费又减少了化肥的污染。除此之外,对一些距离城镇较近的村庄,完全可以依托城镇的垃圾处理系统,逐步推广村收集、镇(区)中转、市(县)处理的垃圾处理模式。

(2)加强农村生活污水处理。首先可以在人口相对集中的乡镇按照村庄集中处理污水,建设统一的污水处理系统,例如沉淀池处理;或者对于距离城镇较近的农村而言,将其并入附近城镇的污水处理系统,城镇的污水处理系统相比农村而言工艺优良、运行稳定且效率较高,因此将城镇附近的村庄纳入城镇污水管网中是最便捷的处理方式;在人口密度较低、环境容量较高的农村地区,一般采用分户污水处理,可采用就地处理或者小型的净化沼气池、小型人工湿地或者是化粪池、坑塘等自然处理模式进行分散处理。除此之外,还要重视"农家乐"的污水治理监管力度。随着新农村的建设,农村生产模式开始转变,旅游资源随之开发,然而对于污染物的处理却不到位。例如,阳澄湖因盛产大闸蟹而闻名,周边的农家乐随之发展起来,然而最近有报道称,阳澄湖附近农家乐的污水直接排入了阳澄湖中,让人触目惊心。由此可见,农村的农家乐的污水处理也要引起关注。

(3)推广农村清洁能源。延安近年来在农村大力推广清洁能源,因地制宜地建设各种农村清洁能源工程,以此来促进农村生活能源结构的升级,并且减少污染的排放。农村可发展的清洁能源除了风力、水力、太阳能之外，还有农村沼气，综合利用作物秸秆，推广"四位（沼气池、畜禽舍、厕所、日光温室）一体"等能源生态模式。在秸秆资源较丰富的农村聚居区，推行秸秆机械化还田、秸秆气化集中供热或发电工程，积极扶持秸秆收购企业和综合利用产业发展。

3. 严格控制乡村工业污染

制定和完善村镇环境保护规划，按照环境功能区划和工业企业相对集中的原则合理规划村镇工业企业布局。依法加强对工业企业的污染控制，防止城市工业污染向农村转移。引导、鼓励村镇工业企业实行清洁生产、发展循环经济，对合理开发和利用本地自然资源、工艺技术先进、市场前景较好的企业在环保专项资金使用上优先予以扶持；坚持有计划开发和规范开采，坚决依法制止私采乱挖矿产资源行为。建立生态恢复责任制，对已造成生态破坏的矿区逐步采取生态修复措施，切实维护矿区农民的环境权益；实施各类工业园区、农业园区的生态保护与建设，进一步强化各类园区的环境保护措施。开展循环经济示范，推行清洁生产，完善基础设施，实现污染"零排放"。

4. 加强畜禽养殖污染防治

若对于家禽家畜的排泄物和病死动物处理不当，很容易造成水源污染、土壤污染甚至是空气污染，尤其对于规模化畜禽养殖企业要加强监管，若其排放物的处理不能达标，则要对其进行集中治理，对分散式畜禽养殖采取建设养殖小区的措施，进行综合治理。对于新建、改建、扩建的规模化畜禽养殖企业必须严格执行环境影响评价和"三同时"制度，对现有超标排放污染物，进行限期治理，直到其符合标准再进行生产；鼓励建设生态养殖场和养殖小区，通过发展沼气、生产有机肥等措施，实现养殖废弃物的减量化、资源化和无害化。

5. 控制农业面源污染

明确种植业、畜禽养殖业、水产养殖业和农村生活产生的主要污染物种类、产生量、排放量及其去向；农业污染物排放规律和主要影响因子，掌握农业污染的动态变化趋势，为合理规划农业生产布局，指导农业产业结构调整，从源头上为控制农业污染提供科学依据；指导农民科学施用化肥、农药，减少农药、化肥施用，鼓励农民使用农家肥、新型有机肥料及生物农药或高效、低毒、低残留农药，推广作物病虫害综合防治和生物防治；每年的夏收和秋冬之际农田总会出现大量的秸秆，传统的做法是焚烧，这不仅浪费资源，更会污染空气污染环境，因此要利用新技术，积极推广秸秆综合利用，按照乡镇各村土壤类型及作物种类，灵活采取翻埋、碎混、免耕覆盖等措施，把夏收秋收的秸秆再返还到农田里，实施秸秆气化、秸秆发电等工程，提高秸秆燃料化利用水平，利用其清洁取暖，有效减少焚烧秸秆带来的环境污染，实现环境效益和经济效益的双赢。

6. 积极防治农村土壤污染

不像水污染、空气污染等这些污染可以被人们看到、感知到，土壤污染很难被人们直接察觉，除了化学农药以及化肥的大量使用外，农业的面源污染也会导致土壤出现多种生态环境问题。因此，防止农村土壤污染，首先要对全市的土壤进行土壤污染状况调查，查清土壤污染类型、分布、范围、程度和污染物种类、来源等，只有调查清楚这些，才能分析出土壤污染的成因，在此基础上建立土壤污染状况数据库，制定土壤污染防治对策，改善土壤环境质量，确保农产品质量安全。搬迁企业必须做好废弃厂区土壤修复工作，对持久性有机污染物和重金属污染超标耕地实行综合治理。除此之外，要积极推广"四位一体"模式的生态农业，利用可再生能源（沼气、太阳能）、保护地栽培（大棚蔬菜）、日光温室养猪及厕所四个因子，通过合理配置形成以太阳能、沼气为能源，以沼渣、沼液为肥源，实现种植业（蔬菜）、养殖业（猪、鸡）相结合的能流、物流良性循环系统，这是一种资源高效利用，综合效益明显的生态农业模式。加强生产基地灌溉水源、农药和化肥使用的监督管理。积极发展有机食品，建设有机食品生产基地，加强生产基地土壤、水、大气环境质量监测。

7. 加强农村自然生态保护

以保护和恢复生态系统功能为重点，营造人与自然和谐的农村生态环境。坚持生态保护与治理并重。加强对矿产、水利、旅游等资源开发活动的监管，努力遏制新的人为生态破坏。重视自然恢复，保护天然植被。加快水土保持生态建设，严格控制土地退化和沙化。采取有效措施，加强外来有害物种、转基因生物和病原微生物的环境安全管理，严格控制外来物种在农村的引进与推广，保护农村地区生物多样性。

8. 开展创建和示范工程活动

以积极开展创建生态示范区、环境优美乡镇、生态村、绿色文明示范村活动为抓手，把创建工作与农村经济社会发展有机结合起来，引导和推动生态环境良好、经济实力较强的镇、村率先达到社会主义新农村建设的要求。在饮用水环境安全得不到保障的农村地区及水污染治理重点流域和区域，建设饮用水水源地污染治理示范工程。在重点流域、区域和规模化畜禽养殖污染物排放量较高的地区，建设规模化畜禽养殖污染防治示范工程。在自然条件较好的地区建设有机食品生产基地。

第五节　延安特色农业发展公共政策分析

延安地处黄土高原丘陵沟壑区，土地资源丰富，地形复杂多样，土层深厚，光照充足，昼夜温差大，适宜农林牧多样化生产。新中国成立以来，在党和政府的领导下，延安人民发扬"自力更生、艰苦奋斗"的延安精神，坚持把农业作为国民经济的基础产业来抓，取得了显著成绩。特别是改革开放以来，延安认真贯彻落实党中央对"三农"工作的各项方针政策，因此农民生活水平大大提高，农业农村经济得到了全面较快发展。进入 21 世纪新阶段，延安的农业发展正面临着前所未有的机遇和挑战，保持农业农村经济持续快速健康发展，是摆在各级政府和全市人民面前的一项艰巨而紧迫的战略任务。

一、延安农业发展历程回顾

（一）农业大集体发展阶段（1949～1978 年）

这一时期，农业在计划经济体制下实行集体统一经营，长期坚持片面的"以粮为纲"发展方针，受自然条件和科学技术的限制，生产力水平低下，尽管在改善农业生产条件方面做了长期不懈的努力，但农民的温饱问题一直未能解决。

（1）实行"大锅饭"生产经营方式。新中国成立后至十一届三中全会前的近 30 年里，农业一直以"左"的思想路线为指导，经过合作化、人民公社等运动，在农村形成了"三级所有，队为基础""一大二公"的集体经营体制和集体生产、统一核算、平均分配的"大锅饭"分配体制，农民的生产积极性得不到正常发挥，生产关系严重制约着生产力的发展。

（2）农业处于低水平生产状况。农业生产长期实行广种薄收、粗放经营的自然生产方式，科学技术落后，经济结构单一。1949 年，全市农作物总播种面积 615.62 万亩，其中粮食作物播种面积 564.74 万亩，占 91.74%，粮食总产量 17 万吨，平均亩产只有 30 千克，人均占有粮食 257 千克。1966 年，农作物总播种面积达 722.97 万亩，其中粮食作物播种面积 660.12 万亩，占 91.3%，播种面积均为历史上最大的年份。农业人口人均种粮 6.17 亩，而人均占有粮食只有 286 千克。1973 年，周总理来延安视察提出"三年变面貌，五年粮食翻一番"指示后，延安人民为实现这一目标，进行了非常艰苦的努力，到 1975 年，全市粮食总产首次突破 10 亿斤大关，达到 5.47 万吨，粮食亩产提高到 99 千克，人均占有粮食 365 千克。但农业生产水平仍然比较低，群众的吃饭问题依然没有得到解决。

（3）农民生活长期处于贫困状态。由于生产发展缓慢，农民收入极其低下，加之物资匮乏，商品稀缺，农民一直过着"吃粮靠返销，花钱靠救济"的生活，就连布匹、棉花、食糖等日常生活必需品都要凭票限量供应，温饱问题长期得不到解决。有资料记载，1972年，农民人均分配收入只有43.4元，到1978年也只有53.4元，六年时间只增长了10元，年增长率为3.5%。

（4）农业生产条件逐步改善。为解决人口不断增长带来的吃饭问题，延安历史上长期通过垦荒扩大耕地面积，致使林草植被遭到严重破坏，水土流失日益加剧，生态环境持续恶化，农业生产条件每况愈下。为了改变这一状况，从20世纪50年代起，延安坚持兴修水利，大搞基本农田建设，逐步改善农业生产条件。50~70年代，是农田水利建设规模最大、成效最为显著的时期。1949年，全市有效灌溉面积只有1.35万亩，占耕地面积的0.2%，农业人口平均0.02亩，全市有淤地坝247座。到1978年，有效灌溉面积达到46.48万亩，占耕地面积的8.2%，人均0.34亩。到70年代末，淤地坝累计达到10856座，是1949年的44倍。基本农田面积达到182.58万亩，农业人口平均1.33亩。

（二）粮食自给发展阶段（1979~1984年）

这一时期，全面推行了以家庭联产承包责任制为主的农村改革，极大地调动了农民的生产积极性，农民彻底告别了饥荒年代，生活状况开始好转。

（1）全面推行家庭承包经营制度。十一届三中全会以后，以经济建设为中心成为全党工作的重心，农村改革随之稳步推进，全面展开。响应中央对农业农村政策的一系列调整，从1978年冬开始，延安先后进行了放宽对自留地、家庭副业和集市贸易的限制，缩小生产队规模，恢复以生产队为基本核算单位，实行包产到组农业生产责任制和全面推行包干到户责任制等一系列经营体制改革。到1983年，家庭承包经营制度在全市普遍实行，农民从此享有了生产经营自主权，极大地解放了农村生产力。

（2）农民吃饭问题得到根本解决。在推行农业生产责任制的同时，大力推广科学种田，一批农作物优良新品种和以"四法"种田为主的旱作农业技术得到广泛应用，农业投入显著增加，使农业生产水平大幅度提升，粮食连年丰收。

与 1978 年相比, 1984 年全市粮食作物播种面积 474.9 万亩, 减少了 57.54 万亩, 但粮食总产却达到 62.89 万吨, 增加 23.31 万吨, 增长了 58.9%, 单产水平由 74.3 千克提高到 132.4 千克, 人均占有粮食由 273 千克增加到 405 千克。其中, 1982 ~ 1984 年粮食产量连续三年大幅增长, 年递增率达到 14.7%, 1984 年创历史最高纪录, 个别地方一度出现了卖粮难的状况, 吃粮靠返销的年代至此彻底终结。

（3）农民生活状况逐步得以改善。农业的连年丰收使农民收入持续增长。1984 年, 全市农民人均纯收入达到 173 元, 比 1978 年增长了 1.6 倍。农村涌现出不少"万斤粮户"和"万元户"。1984 年底, 延安"两户"达到 6.8 万户, 占到总户数的 23.32%。其中总收入万元以上的有 106 户, 人均收入千元以上的 2031 户。自行车、缝纫机、收音机、手表等当时的生活奢侈品开始进入农户。

（三）农业商品化市场化发展阶段（1985 ~ 1999 年）

这一时期, 伴随着改革开放的深入推进和计划经济向市场经济的转轨, 农业农村经济进入了崭新的发展阶段。农业打破了长期以来"以粮为纲"的单一结构, 多种经营方式迅速发展, 结构调整步伐逐步加快, 区域性主导产业初步形成, 扶贫攻坚取得显著成效, 农民的温饱问题基本得到解决。

（1）农业结构调整稳步推进。粮食问题的解决为农业结构的调整奠定了坚实基础。1985 年, 中央一号文件《关于进一步活跃农村经济的十项政策》发出以后, 延安遵照中央"绝不放松粮食生产, 积极发展多种经营"的农业发展方针, 积极开始调整农业结构, 大力发展经济作物, 增加农民收入。1985 年, 农民因地制宜发展花生、油菜、烤烟、瓜菜、苹果等经济作物种植, 使粮食作物和经济作物的种植比例由 1984 年的 6.25∶1 调整到 5.85∶1, 1999 年调整为 6.06∶1。农业总产值的构成发生了很大变化, 农林牧业产值比例 1949 年为 81.8∶1.4∶16.8, 1978 年为 74.2∶11.3∶14.4, 1985 年为 72.8∶11.6∶15.5, 到 1999 年进一步调整到 70∶7.4∶22.2。同时, 农村非农行业产值也迅速发展, 1978 年仅为 2409 万元,

1984 年为 8720 万元，1985 年迅速发展到 11210 万元，到 1999 年达到 193552 万元，与 1984 年相比，增长了 21.2 倍。粮食产量实现了稳定增长，丰年有余，1998 年再创历史最高纪录，产量达到 97.7 万吨，人均占有粮食达到 507 千克。

（2）农业主导产业初显端倪。1986 年，延安地委、行署在深刻领会中央农业农村政策方针和充分认识当地自然资源优势的基础上，做出"依托资源，面向市场，择优开发，重点突破"的经济发展战略，大规模的农业产业开发由此拉开序幕。截至 1999 年的 14 年间，农业主导产业开发格局随着对农业资源认识的不断深化和农业生产实践而逐步调整、优化，先后经历了由烟、果、羊、薯到南苹果、北羊薯、全市杏、黄河沿岸枣椒梨，再到苹果、棚栽、草畜三大产业的开发过程。截至 1999 年，林果、棚栽、草畜三大产业初步形成，全市苹果面积达到 142.65 万亩，总产量达到 39.69 万吨，蔬菜种植面积 10.92 万亩，总产量达到 12.18 万吨，其中大棚蔬菜 1.1 万座，羊存栏 71.08 万只，牛存栏 21.2 万头，猪存栏 47.73 万头。同时，一些区域性特色产业也得到了较大发展。以林果、棚栽、草畜三大产业为主的特色产业产值占农业总产值的比例达到 46.8%，并成为农民收入的重要来源。

（3）农民收入增长较快。多种经营的大发展，使农民收入得到了较快增长。1999 年，全市农民人均纯收入达到 1381 元，较 1984 年增长了 7 倍，年均增长 14.9%，最高的县区达到 2053 元，最低的县区达到 735 元，与全省、全国的差距逐步缩小。

（4）扶贫开发取得显著成效。20 世纪 70 年代末，延安 13 个县区均为比较落后的贫困地区，90% 以上的农民不得温饱。1986 年，吴起县等 8 个县被列为国家贫困县，其他 5 县列为省定贫困县，全市有 84 个乡镇、14.75 万农户、67.17 万人属于贫困人口，占到当时农业人口的 49.8%。在 1986~2000 年的 15 年里，延安坚持把扶贫工作作为农业农村工作的重要任务，特别是通过实施"八七"扶贫攻坚规划，截至 2000 年底，8 个国定贫困县、57 个贫困乡镇、44.65 万人实现了原定的脱贫目标，贫困人口人均纯收入达到 817 元。贫困地区的生产生活条件得到了极大改善，新修基本农田 6.7 万公顷，人均由 0.7 亩增加到 1.94 亩；建成人畜饮水工程 4.08 万处，水窖 3.5 万个，55.32 万贫困人口的饮水困难得以解决；新修乡村公路 7449.3 千米，为 1800 多个村通了公路、2000 多个村通了电，程控电话实现了乡乡通。修建希望小学 120 多所，适龄儿童入学率达到 98.7%，广播、电视入户率分别达到 88.7%、91.2%。特别是通过实施移民搬迁，对 3.9 万贫困人口进行了易地安置，60% 以上的贫困户建起了新房。

（四）现代农业发展阶段（2000 年至今）

这一时期，延安抓住国家西部大开发的历史机遇，按照统筹城乡经济社会协调发展的要求，认真贯彻落实新时期多予少取放活的农业农村工作方针，大规模实施退耕还林工程，积极推进现代农业发展，进一步深化农村改革，大力改善农村基础设施条件，加快发展农村社会事业，农业和农村经济发展开始步入快车道。

（1）生态建设取得重大进展。1999 年 8 月，朱镕基总理来延安提出"退耕还林，封山绿化，个体承包，以粮代赈"方针，大面积的退耕还林在延安率先实施，延安的生态建设进入了一个新的历史阶段。从 1999 年秋冬到 2006 年的七年多时间里，延安全面进行了以退耕还林还草、荒山绿化、封山禁牧、天然林保护、基本农田建设等为主的生态环境建设，全市共实施退耕还林面积 865 万亩，占到全省的 26.9%，全国的 2.4%。全市林地面积增加了 9 个百分点，水土流失治理程度由 20.7% 提高到 45.5%。延安生态环境恶化的状况得到了有效遏制，山川大地初步实现了由黄变绿的历史性转变。同时，以退耕还林为主的生态环境建设极大地促进了农业生产方式的转变，增加了农民收入，农业生产逐步由倒山种地、广种薄收、粗放经营的传统生产方式转变为多种经营、少种高产、精耕细作的现代农业生产方式。农民从国家的补助政策中直接受益 42.8 亿元，退耕户人均达 3288 元。退耕还林工程成为新中国成立以来国家在延安投资最大、实施期最长、覆盖面最广、群众得实惠最多的项目。

（2）农业主导产业进一步确立。退耕还林的实施推动了农业结构的进一步调整，主导产业开发力度进一步加大，产业布局进一步优化，开发重点进一步突出，并确立了以苹果为主的绿色产业开发思路。2006年底，全市苹果面积达到200万亩，农民人均1.28亩，总产117.8万吨，年产值20.14亿元。苹果面积比1999年增加57.35万亩，总产增加78.11万吨，年增长率达16.8%。目前，苹果产业已成为延安市生产规模最大的一项主导产业，延安苹果产业覆盖面最广，竞争力最强，其对农民收入的拉动起到了重要的作用，在全国乃至世界都占有一席之地。同时，以棚栽为主的蔬菜产业也迅速发展，2006年底，种植面积达到52万亩，大棚蔬菜发展到7.4万座，比1999年增加6.3万座，年增长率31.3%，蔬菜总产52万吨，年增长率15.9%，年产值5.6亿元。在大棚布局相对集中区域，大棚蔬菜已成为一种朝阳产业，大大增加了当地农民的收入，使农民加快了发家致富的步伐。草畜业虽然受退耕还林、封山禁牧等因素的影响，但产业规模仍保持在一定的水平上，对农民增收发挥着重要作用。2006年，全市羊存栏67万只，牛存栏20万头，猪存栏57万头，畜牧业收入5.06亿元，占农村经济总收入的9%。红枣、花椒、核桃、小杂粮等区域性特色产业也逐步形成产业规模。农业主导产业的产值占到农业总产值的63%，农民收入中有40%来自主导产业。

（3）农村基础设施条件大为改善。借国家实施西部大开发的东风和统筹城乡发展的政策，延安在经济发展、财力状况逐步改善的同时，加快了对农村的建设，对农村基础设施等加大投入力度，改善了农村农民的生活环境。为防止退耕还林造成耕地减少引起农业综合生产能力下降的问题，提出建设人均2.5亩高标准基本农田的目标任务。重点加强新修基本农田、淤地坝、小型水利设施建设。到2006年底，全市已建成基本农田300万亩，人均1.9亩；建设骨干淤地坝327座，中小型淤地坝11695座，建成各类水源工程1538处，基本农田灌溉面积

41.4 万亩。2006 年，基本实现了乡乡通油路、村村通砂石路。建成农村沼气池79307 口，71965 户农民用上了清洁卫生的沼气能源。90% 的村通了电话，82% 村完成了农网改造，实现了城乡同网同价。移动通信网络覆盖全市所有乡镇。上述各项指标的通达率都达到或超过国家的平均水平。

（4）群众生活水平显著提高。2006 年，全市农民人均纯收入由 1999 年的1444 元增长到 2425 元，年均增长 7.7%，是历史上农民增收较快的时期。特别是从 2003 年起，农民人均纯收入连续四年高于全省平均水平。农民收入来源趋向多元化。2002 年以来，通过减免农业税和实行退耕还林补助等各项支农惠农补贴政策、培育壮大农业主导产业、发展二三产业、农民外出务工等渠道，使农民增收空间不断扩大，每年的增收金额都达到 200 元以上。汽车、摩托、手机、彩电、冰箱、洗衣机等原来城里人享受的高档现代生活用品已逐步普及到农村寻常百姓家庭。

（5）农村社会事业全面发展。在统筹城乡经济社会全面发展的指导思想指引下，公共财政制度框架逐步建立，工业反哺农业、城市支持农村的力度不断加大，使农村各项社会事业快速发展。全市 13 个县区全部实现了"普九"目标。2005 年，延安在西部地区率先对农村中小学生全面实行了"两免一补"政策，农村孩子上学难、上不起学的问题基本得到解决。新型农村合作医疗制度从 2004年开始试点，2005 年扩大到 8 个县区，2006 年在全市普遍实行，参合农民达到132.4 万，参合率达 87.5%。1999 年在全省率先建立了农村最低生活保障制度，保障人口 2.1 万人，2006 年，又将保障水平从 500 元提高到 625 元，保障人口达12.8 万人，占到农村人口的 8.1%，基本做到应保尽保。2004 年，在全国率先建立了离任村干部生活补贴制度。2005 年，对农村新中国成立前老党员实行了定额生活补助制度。贫困学生救助、农村计划生育家庭奖励、农村老龄人口生活补助、老红军遗孀生活补助等社会保障制度也开始全面实行。

（6）农村改革取得历史性突破。2002 年，全市全面推行了以正税清费为主要内容的农村税费改革，减轻了农民的税费负担。2004年，延安在全省乃至西北地区率先减免了农业税和农业特产税，使农民在生产环节实现了零税负。2005年，彻底取消了农村义务工和劳动积累工制度，减轻了农民的劳务负担。农村税费改革的推行，使农业税彻底退出了历史舞台，极大地调动了农民发展生产的积极性，促进了农村经济社会的全面发展。同时，通过一系列综合配套改革，使农村社会经济基础与上层建筑之间的矛盾逐步得到调整，政府职能开始转变，农村民主管理制度进一步完善，干群关系明显改善，农村呈现出了和谐稳定的发展局面。

二、延安农业发展现状

总体来看，新中国成立以来的60年，延安农业是一个持续、健康、快速的发展过程。经过多年的艰苦努力，农业生产水平有了较大提高，农村经济和社会事业得到全面发展，农民收入状况及生活水平获得显著改善。但是，制约农业和农村经济发展的深层次矛盾及问题还未得到根本解决。当前，存在的主要矛盾和问题有以下几个方面。

（一）农业生产基础条件尚未得到根本性改变，农业综合生产能力不高

一是受退耕还林和工业化、城镇化发展的影响，耕地面积逐年减少，土地资源丰富的优势逐渐弱化。目前，人均基本农田只有1.9亩，尚未达到2.5亩的目标要求。并且，有效灌溉面积只占到13.8%，农田抗御干旱等自然灾害的能力较低，抵御自然灾害方面的设施设备也不尽完善，农业生产仍然需要"看天行事"，还无法有效抵御自然灾害。

二是水资源严重短缺。延安市属于干旱半干旱地区，年均降水不足500毫米，人均水资源量仅为780立方米，只有全省的60%、全国的34%，而且水资源利用率也比较低，农业生产缺乏后劲。

三是土地瘠薄，肥力水平低，土壤有机质含量只有0.39%～0.9%，生产能

力差。

（二）农村经济结构性矛盾比较突出，农民增收的压力加大

尽管近年来，农村二、三产业发展较快，农民的增收渠道逐步多元化、多样化，但农业在农村经济结构中所占的比重仍然较大。2006 年，在农民收入构成中，来自农业的收入仍然占到 60%。在农业内部，种植业依然占主要部分，2006 年，种植业产值占农业总产值的 76.6%，畜牧业只占到 15.9%。农业生产的特点和延安市自然气候、地形地理状况决定了农业必然是一项弱势产业，特别是受资源和市场的双重约束，发展的难度较大，仅靠农业来增加农民收入，空间十分有限。加快农业经济结构调整，不断拓宽农民增收渠道已势在必行。

（三）农业技术推广体制改革滞后，科技对农业的推动作用难以充分发挥

现有农业技术推广服务体系是计划经济时期的产物，在农业集体统一经营体制下曾经发挥过重要作用。实行家庭承包经营制度以后，这种体制远远不适应一家一户的生产方式，从而造成科技推广效率低下，新技术、新成果应用转化率低。特别是从乡镇到农户的技术传递"最后一公里"瓶颈制约问题表现得相当突出。目前，许多乡镇农业技术推广机构名存实亡。农业技术推广服务体系整体上处于"网断、人散"的状况。截至 2006 年末，全市农业技术推广机构 332 个，其中：市级 9 个，县级 111 个，乡级 212 个。科技人员 2714 人，按区域划分，其中：市级 133 人，县级 1461 人，乡级 1120 人；按技术职称划分，正高 3 人，副高 83 人，中级 521 人，初级 1751 人，未评定职称 356 人。在目前知识经济时代和信息时代条件下，知识更新速度加快，农业技术推广服务体系的不适应，必然导致农民素质提升缓慢，难以适应现代农业发展的要求，延缓了农业科技进步的步伐。比如在发展最具现代农业特点的棚栽业过程中，许多农民由于不懂技术而不会种、不敢种，影响了产业开发的速度和效益。在草畜产业发展过程中，传统养殖仍处于主导地位，造成草畜产业长期徘徊不前。

（四）农业主导产业素质不高，产业化经营水平较低

农业主导产业还处在产业化开发的初级阶段。以苹果为主的林果业虽具有了

一定生产规模，但区域之间、农户之间生产管理技术差异较大，标准化生产水平低，优果率不高，市场开拓能力不强。棚栽业生产规模比较小，覆盖面不够广，品种布局比较分散，难以形成批量商品。草畜业基本上处于自然生产状态，饲草利用率低，养殖方式落后，品种布局特色不鲜明，没有形成产业集群。就总体情况来看，以苹果为主的绿色产业普遍以原始产品生产为主，产业链条短，产品附加值效益没有发挥出来，特别是组织化程度比较低，缺少龙头企业的强力带动和专业合作组织的有效支撑，千家万户闯市场的经营方式仍占主导地位，小生产与大市场对接不畅的问题没有得到根本解决。

（五）农村社会保障水平较低，制度需要进一步健全和完善

虽然延安市近年来在推行新型合作医疗、最低生活保障等制度方面走在了全省乃至全国的前列，但是与城镇居民相比，保障标准比较低，保障机制不够健全。而且保障制度体系也很不完善，随着人口老龄化问题的显现，建立农村社会养老保障制度越来越迫切。还有在城镇化、工业化进程中失地农民的生活保障问题、农民工的权益保障问题、农业保险问题等，都显得越来越重要。

（六）扶贫攻坚难度增大，工作思路需要调整

经过20多年的扶贫工作，延安市贫困人口明显减少。目前，绝对贫困人口仅剩34.5万人。但由于这部分人基本都处在自然条件极其恶劣、居住十分分散、发展产业非常困难的地区，扶贫开发耗资大、成本高，解决其贫困问题的难度很大。近年来，政府虽然也投入了巨资改善其生产生活条件，以促进脱贫，但不少地方却人走村空，造成了资源的极大浪费。同时，随着群众生活水平的普遍提高，相对贫困人口又逐渐增多。因此，扶贫开发工作必须转变思路。

一是对现有的绝对贫困人口，要加大异地扶贫开发力度，与新农村建设紧密结合起来，搞好村庄撤并规划，实行整村搬迁，彻底解决这部分人的贫困问题，做到"搬得出，留得住，能致富"。

二是在坚持开发式扶贫的基础上，将扶贫开发重点由改善生产生活条件转向

扶持产业发展，做到兴一项产业，富一方百姓，解决相对贫困人口不断增多的问题。

（七）农村综合改革步履艰难，体制性障碍尚未消除

目前，农村改革已从经济基础层面推进到上层建筑领域，改革进入了攻坚阶段。乡镇行政管理体制、乡村治理结构、义务教育管理体制、县乡财政管理体制、农村金融体制等综合开发改革严重滞后，阻碍着农村生产力的进一步发展。要通过深化改革，切实解决基层政府机构庞大，冗员过多，政事不分，效率低下和行政过多干预经济活动的问题，促进基层政府转变职能，改进指导农业农村工作的方法，增强公共服务和社会事务管理能力，破除农村经济社会发展的体制性障碍。

三、洛川县苹果产业发展的案例分析

位于延安南部的洛川县，地处渭北黄土高原沟壑区，是以苹果为特色主导产业的农业县。全县总面积1804平方千米，总耕地64千米，辖7镇9乡1个街道办，371个行政村。总人口20.4万，其中农业人口16.1万。洛川发展苹果产业的自然资源得天独厚，洛川县土壤以黄绵土为主，土层深厚，气候上属高原大陆性季风气候，四季分明，日照充足，昼夜温差大，年均无霜期170天，年均气温7.7℃～10.6℃，年均日照时数2300～2700小时，年均降水量500毫米左右。其主要河流洛河属于黄河水系。洛川县是世界公认的苹果最佳优生区，2002年被国家农业部区域布局规划确定为中国苹果优势产业带之一，2003年国家质检总局批准实施原产地域保护，2005年成为国际地理标志保护产品。洛川县年平均气温、年降水量等7项气象指标全部符合世界优质苹果生长需求。改革开放以来，洛川县依托资源优势，坚定不移走以苹果为主的特色农业产业富民之路，形成的"小苹果、大产业、大带动"洛川产业扶贫模式在全国推广。

优越的自然条件和不断的技术创新，造就了洛川县苹果独特的果品品质——

果型端庄、色泽鲜艳、酸甜适口、营养丰富、绿色安全。以富士为例，洛川苹果的含糖量一般在 15% ~ 16%，最高可达 18% 以上；果实硬度 8.5 千克/平方厘米以上，维生素 C 含量 4.2 毫克/100 克以上，这些指标均高于国家标准和主产区标准。苹果产业后整理是洛川县的一大创举，是延安市委市政府根据国内外发展形势及延安苹果产业实际提出的一项战略性决策，具有鲜明的革命性和系统性特点。其目的就是通过分级分拣、冷藏冷链、品牌营销、精深加工等措施，让好苹果卖上好价钱，不断延长产业链条，提高综合效益和市场竞争力，提高农民的收入。在市委市政府的坚强领导下，苹果产业后整理工作取得了明显成效。主要加工产品有果汁、脆片、果醋、果脯、果酒、果粉等，年生产浓缩果汁 4.1 万吨，年加工果醋、脆片、果脯、果酒等 0.36 万吨，实际消耗鲜果量 12.18 万吨，占总生产能力的 40.6%，年加工产值 1.9 亿元。

可以说，陕北苹果发祥于洛川县，洛川县自 1947 年引进栽植苹果以来，已经过了 70 年的发展历史，洛川县苹果的发展历史，也是苹果产业和县域经济不断发展壮大的历史，先后经历了引进推广、规模栽植、规模扩张、专业县建设、产业强县建设五个阶段，取得了良好的发展成效。

一是基地实现了专业化，全县苹果总面积达 50 万亩，占耕地面积的 78%，人均 3.1 亩，居全国之首，洛川的苹果主要以富士、嘎拉、新红星等 7 个名优品系为主，早、中、晚熟结构合理的区域化生产新格局，实现了一县一业的发展目标。

二是规范种植。坚持标准化生产，不断完善苹果标准化管理体系的质量。全县（区）15 万亩，具有高标准的科技示范园，通过省级示范园有 56 个认证标准，有 8000 亩，并通过了国家认证的 30 万亩绿色果品生产基地，建成其中"果、畜、沼泽、草、水"五个配套生态果园 10 万亩，通过加拿大、英国、阿根廷、智利等 7 个国家出口注册果园 7 万亩，有机食品注册果园 15000 亩。

三是营销实现网络化。全县苹果营销企业 36 家，其中拥有产权 6 家。已经建立了 40 多个直销网点、独家商店和连锁店。

　　四是配套开发齐全化。洛川县苹果的总存储容量为 16 万吨，占总产量的 31%，其中包括 234 个冷库，存储容量为 11 万吨。配套果袋、果箱、果网、果树肥料厂等配套产业逐步跟进。实现了生产有基础，加工有企业，营销有组织，流通有市场，出口有渠道产业化经营模式。2007 年，全县苹果总产量 56 万吨，产值 12 亿元。农民通过苹果种植获得的人均纯收入 3810 元，占农民人均纯收入的 95%。

　　"中国苹果的希望在陕西，陕西苹果的希望在洛川。"目前，陕西全省的人均苹果占有率比全国水平高出 5 倍，位于全国第一；而苹果面积和产量也已跃居全国第二。洛川县目前已经为贮藏各类水果建造了多所贮藏库，可以贮藏各类果品 13 万吨，其中还有气调库 1 座，冷库 120 座，储量 6 万吨；果库群 280 座，土库 2342 座，储量 7 万余吨。除此之外，洛川苹果产业的产业链近年来逐渐加长，除了种植水果，还有同一生产链上的比如生产果汁、酿造果酒、制作蜜饯等，其中果汁生产厂 2 个，可以将 15 万吨鲜果成功加工转化为果酒；果袋生产厂 4 个，年产量 5 亿只；果网生产厂 7 个，年产量 5 亿只。从事苹果经销的企业和大户 320 多个，其中多家公司经营的各个品牌的苹果获得国内外消费者的高度赞誉和一致认可，具有广阔的市场潜力。为了适应市场经济发展需要，扩大出口，多家公司先后取得了 ISO9001 国际质量管理体系认证、HACCP 认证、EUREPGAP 认证，目前正在实施有机食品认证。其基地果园、苹果包装厂先后取得泰国、阿根廷、墨西哥、加拿大等国的注册认证，出口量在逐年增加，产品远销泰国等 20 多个国家和地区。按照"公司＋基地＋农户"的模式，通过协会与 996 户果农建立了紧密的协作关系，并与果农签订收购协议，为当地的果农提供资金与技术服务，然后收购基地农户的苹果。这样的协议不仅保证了公司的苹果来源，也保障了农户的利益，从而使苹果产业逐步走向"订单农业"。公司坚持"以诚信赢客户、以质量求生存、以管理要效益、以效益求发展"为经营理念，以"服务果业、奉献社会、争创一流"为企业宗旨，加强内部管理，提高经济效益，更好地为洛川苹果产业化建设服务。同时，政府也在大力支持洛川县的苹果产业，苹果的包装、物资、货运、劳务、信息中心等市场和服务设施健全，销售软环境宽松有序，有利于洛川苹果产业的稳定快速发展。

2009 年，洛川县按照生态循环战略的要求，积极实施果业提质增效工程和"一品一村"工程，不断推行标准化生产，突出苹果品牌营销，加快生猪大县建设，强力推进果畜结合，全面实现果业发展方式转变和农民收入持续增长目标。全县苹果面积稳定在 50 万亩，总产量 68.5 万吨，优果率 85%，果业总收入18.2 亿元，农民人均纯收入 5301 元，其中苹果人均纯收入占到 95%。

（一）实施生态循环战略，苹果标准化生产水平全面提升

以发展生态循环果业为重点，全面普及"减密度、有机肥、大改形、强拉枝"标准化技术。2018 年冬天，洛川县以高标准对 6.8 万亩的果园实施了减密度，位居全省之首；以果带畜、以畜促果，实现果、畜、沼生态循环，累计建成果、畜、沼、草、水"五配套"生态出口示范基地 10 万亩，绿色果品基地 37 万亩，通过欧盟和国家认证的有机苹果生产基地 1.78 万亩，洛川县成为全省最大的有机苹果生产基地县；认真实施物理、生物综合防治及果园小型机械、引水入园等基础设施配套工程，建成标准化生产示范区 10 万亩、现代化示范园 2000亩，示范园亩均收入达 1.2 万元；不断健全质量安全检测体系建设，推行洛川县苹果准出制度和农资市场准入制度，在全县 16 个乡镇 16 个村建立了 100% 的农残监控点，298 个村建立了 80% 的农残监控点，实现生产全过程跟踪监管。

（二）实施品牌营销战略，苹果综合效益不断提高

在认真调研和科学分析苹果产业发展现状的基础上，着力推进苹果产业由重生产向生产与营销并重的战略性转移，牢固树立品牌化经营的理念，坚持向一亩园、一棵树、一个果要效益，认真实施"一品一村"、促进"一县一业"工程，不断加大品牌营销及品牌宣传力度，洛川苹果的知名度和高端市场占有率不断

提升。

一是积极开拓市场。加大原产地保护力度，大力支持洛川企业"走出去"，在北京建立了洛川苹果专卖店，全国 10 个主销城市专卖店建立工作正在实施，建立洛川苹果直销专卖店 38 个（处），年出口鲜果 8 万吨。

二是大力争创品牌。申报通过了洛川苹果证明商标，使洛川苹果成为全省"著名商标"；先后取得了北京奥运会、人民大会堂、中国女排等 25 个专供苹果冠名品牌，与上海世博会组委会达成专供苹果协议，创建华联、中信、华润万家、易初莲花等超市专供品牌。"洛川苹果"于 2009 年创造了 25.23 亿元的品牌价值，在全国水果类的品牌中位居世界第三，入选首届全国农产品区域公用品牌百强。

三是强化品牌经营。制定出台了洛川苹果鲜果分级和预包装标准、品牌经营管理办法，积极推行"二维条码"及电话查询等防伪措施，加强跟踪监管，达到品牌标准、包装规范、供货渠道、质量标准"四统一"，有效地维护了洛川县苹果品牌的声誉。

四是扶持营销企业。积极扶持龙头企业和合作社，县财政列支 1000 万元支持龙头企业引进选果线、购置冷藏车和贷款贴息等环节，企业现代化装备水平显著提升，形成了优势明显的营销企业群体。全县拥有以延安果业集团公司为代表的经销企业 51 家，苹果专业合作社 112 个；按照争创一个品牌、连接一个企业（合作社）、开拓一方市场、带动一片基地的思路，建成"企业＋合作社＋果农"紧密型生产基地 47284 亩。

五是大力宣传推介。成功举办了中国陕西苹果产销对接年会暨洛川国际苹果节，先后在多地开展了苹果宣传推介活动，参加各类国际国内大型会展 100 多场次。

六是延伸产业链条。全县拥有各类冷（气调）库 334 座，贮藏能力达到 15 万吨；果袋生产企业 16 家、生产线 23 条，生产能力 20 亿只；果网厂 8 家，年生产能力 7 万包；深加工企业 3 家，年消化残次果 14 万吨，生产浓缩果汁 2 万吨，苹果的综合效益不断提升。2010 年 10 月，国家工商行政管理总局商标局认定延安苹果为"驰名商标"，"洛川苹果"被评为中国农产品百强品牌，价值 25.23 亿元。截至 2017 年，"洛川苹果"产品已获得国家和省级奖项 170 多项，获得东南亚、欧洲、美洲等 100 多个国家和地区的出口认证。随着生产规模的扩大和市场份额的增加，品牌效益直线增长。

（三）实施产业园区建设，现代果业建设步伐加快

为了贯彻落实省、市推进洛川苹果发展专题会议精神，作为洛川苹果"四大基地"建设标志性项目的中国·洛川现代苹果产业园区进行了如下改革与建设：对于延安北部，进行规模扩张，实现标准化建园；对于南部，主要任务是大力建设园区，以此来提升产业化水平。目前，中国·洛川现代苹果产业园区建设各项工作进展顺利，完成了园区以"一心两翼三线六区"为基本框架的控制性详细规划；洛川国际会展中心，由延长石油集团投资 1.6 亿元，已开工；中国农资总公司和陕西昌盛果业集团投资的农资交易市场、物流仓储市场，分别完成了设计、立项、环评、地勘等前期工作，正在进行征地。苹果质量安全检测中心、信息中心和洛川苹果网站正式运营，洛川被确定为全省数字果业试点县。

（四）实施"果畜结合"战略，百万头生猪大县建设开局良好

基于"果畜结合、科学发展"的指导思想，积极教育引导，统一思想认识，科学编制规划，广泛宣传动员，扎实有力推进，在全省率先启动百万头生猪大县建设项目，实现了良好的开局。在具体工作中，延安紧紧抓住省市支持的重大机遇，编制完成了《百万头生猪大县建设规划》及万头示范村、生态果园建设等 11 个专项方案。发起"千人进百村入万户"运动，派出 1000 多个县乡官员和村民，建设生态果园，完善综合示范乡镇，其目标是"品牌果、万头猪、收入增、创一流、争先锋、档次升"。政府也对这个项目大力支持，省政府划拨 4000 万元的扶持资金，县政府也相应支出 1000 万元财政来扶持养猪场、示范村和对农民

进行补贴等。为全省百万头生猪大县建设现场会提供了主会场、观摩点。全县生猪存栏 17.5 万头，出栏 21.1 万头，饲养量达到 38.6 万头。加快发展农村能源建设，新建沼气池 1822 口，累计达到 26346 口。积极推进生态循环战略，编写完成了《中国洛川"果畜结合、生态循环"示范县建设方案》，顺利通过省农业厅评审，报送国家农业部，农业部领导专门就此作出重要批示，给予大力支持，有力地推进了"果畜结合、生态循环"示范县建设，逐步缓解了果园有机肥投入问题，初步改变了我县产业结构单一的现状，实现了两大产业的互利共赢，为县域经济持续发展奠定了基础。

四、以公共投资推动特色经济产业培育的制度建设

（一）如何促进特色经济产业在统筹城乡发展中的作用发挥

首先，调整产业结构、加强技术管理和质量监督管理，提高果品质量和效益。第一，延安应该采取因地制宜的方式，深入调研每个县的特色与存在的不足，并对其进行市场调研，从而发挥每个县的资源优势，形成资源互补，加快果业结构调整。第二，要加大对科技的投入，推广果业生产四项关键技术，从春季果树修剪、病虫害专业化防治，到丰产优质栽培等方面都要用到果业相关的科学技术，早日形成全果园覆盖的防灾减灾体系。第三，健全生产管理方式，组建县、乡、村三级技术服务体系，制定统一产品标准、统一监测方法、统一管理措施、统一用施肥用药方案的生产管理制度，加强基地生产、技术推广和营销人员的培训，强化产前、产中、产后技术服务与指导，实现果园智能化管理、数字化监管、网络化销售，全面推行标准化生产管理，加强果区环境综合治理，加快绿色果园、生态果园建设，创建绿色果品生产基地，开展有机果园认证和出口果园认证，不断提高果品质量和效益。

其次，扩大草畜业发展规模并提高质量。草畜业是我国北方农村牧区重要的生态与生产平台，更是推进农业供给侧改革的重要切入点。因此要深入贯彻党的政策与规划，持续推进草畜业科学稳定发展，以规模扩张和生产安全为重点，对生猪、奶山羊、肉牛家庭适度规模养殖，转变畜牧生产方式。同时，着力治理退化草原，改善草原生态系统。延安位于陕西北部，气候干旱，水分蒸发量大，加上近几年超载过牧等问题较为严重，从而该地的草原也以荒漠化草原为主，生态系统十分脆弱，水土流失和草原退化问题日益突出。因此，草原治理也是提高草畜业发展质量，推进标准化生产和高产、优质、高效、生态、安全畜牧业发展的必经之路。除此之外还包括畜牧良种繁育体系建设和畜禽良种化进程、动物疫病防控基础设施的完善、突发动物疫情应急管理和动物疫病防治工作。

再次，因地制宜加快发展林草产业。第一，坚持绿色发展，以保护生态环境为前提，正确处理林草资源保护、培育与利用的关系，建立生态产业化、产业生态化的林草生态产业体系。第二，要坚持因地制宜，突出本地特色，根据自然条件和资源优势，培育各地有特色的主导产业、特色产业和新兴产业，比如，在一些原料林和用材林基地，可以发展柿子和红枣等名特优新经济林，与土地、水资源承载能力相适应，在自然环境优美或者有浓厚人文气息的农村发展乡村旅游和生态旅游，充分发挥本地优势与特色；因地制宜，实施牧草种子工程，推广果园种草和农田种草，发展甜高粱、专用饲料玉米生产，实现经济效益、生态效益和社会效益同步提高。

最后，扶持龙头企业发展，提高农牧业经济效益。实施乡村振兴战略，不可忽视的是农业产业化龙头企业的引领作用，因此要加大扶持农村龙头企业发展的力度。第一，围绕特色优势产业，建立规模化产业基地。在延安，以林果业、草畜业为重点，培育扶持有一定产业基础、科技含量高、辐射带动能力强的龙头企业和企业集群示范基地，增强龙头企业对延安市农户和农村经济的辐射带动能力，抓好以粮、果、畜为重点的优势特色农产品的精深加工，延长产业链条，提高转化增值能力。第二，要营造良好积极的激励氛围。制定培育和扶持农业产业化龙头企业竞相发展的政策措施，大力营造农业产业化龙头企业干成功了有奖补、只有干成功了才有奖补、干成功了一定要奖补的政策导向，鼓励农业产业化龙头企业做大做强，推进乡村振兴。第三，不断完善利益联结机制，促进农民增收致富。结合乡村脱贫攻坚、现代农业园区建设、村集体经济发展等重点工作，按照"民办、民管、民受益"的原则，采取"公司＋专合组织＋基地＋农户"、订单农业、土地托管等方式，将广大农户联结在农业产业链上，既推动特色产业规模化、标准化、产业化发展，又解决农户与市场脱节问题，提升农业抵御市场风险的能力，促进农业产业化龙头企业与广大农户形成紧密的利益联结机制，利益共享、风险共担，共同发展，提升农民收入水平，提高农民进入市场的组织化程度，推进农业产业化进程。

（二）如何以公共投资推动特色经济产业培育

1. 以公共投资推动质量标准体系建设

（1）绿色果畜产品技术标准体系。根据国家绿色果畜产品生产技术规范和技术标准，及时制定延安绿色果畜产品质量标准体系和技术规范。建立健全农业环境保护监测体系和绿色农产品质量检测体系，加快发展农业环境监测中心和农产品质量检测中心，加强对农业生态环境的监测和质量检测，为绿色水果和畜牧产品的开发提供良好的服务。

（2）绿色农产品技术推广体系。各地要依靠龙头企业和农民专业合作经济组织，引导农民按照绿色农产品生产的技术标准和规范进行生产经营。建立健全农业技术推广体系和绿色农业生产资料连锁经营体系，加强生产前、生产中和生产后的协调服务。大力推广微生物肥料、矿物肥料、绿色肥料、秸秆有机肥等多种肥料的使用，广泛应用基于物理和生物防治的病虫草害综合治理技术，以提高农产品的质量和安全性。

（3）科技创新体系建设。整合现有科技力量，加强科学研究和关键技术，促进科研与产业发展的紧密结合。要努力提高质量和安全性，加快优质高产高效新品种的引进、育种、示范推广。加强绿色农产品生产综合配套技术和加工、储藏、保鲜、包装、运输技术的开发研究，以提高产品质量和市场竞争力。加强污染源控制、清洁能源、资源循环利用，生态农业和生态修复等关键技术的研究开发，努力解决影响环境的技术难题。

2. 以公共投资加速农业市场化和农业产业化

重塑农村微观经济组织，使他们成为对市场供求关系和价格变化敏感的市场主体，发展规模经营，走联合经营，紧密合作的道路，解决小农户与大社会群体之间的矛盾。市场解决了农业产量比较低的问题。农业产业化是传统农业向现代农业转化的必要途径，因为现代农业建立在高资本投入，工业生产方式和先进科技支撑"农业"的基础上，能够适应市场需求。通过培训实现农、工、贸、生产、加工和销售的一体化，培育和发展龙头企业的竞争力及经济实力，形成企业和农户，债券市场的辐射力及驱动力，决定其经济实力，规模和效率农业产业化，是减小城乡二元结构的重要措施之一。

（三）以公共投资提高农民文化素质和专业技能

加强对农民的科技教育培训，提高其科学文化素质和专项技能，培养有文化、懂技术、会经营的新型农民，不仅能提高农民整体素质，更是建设社会主义新农村的迫切需要，对繁荣农村经济、增加农民收入、促进农村社会和谐发展具有十分重要的意义。提高农民的文化素质和专业技能是社会主义新农村建设的主要内容之一。围绕建设社会主义新农村、农产业结构调整、农民增收的主线，通过项目支撑，开展农民教育培训活动，可以采取"巡回课堂"形式，就地就近为农民开展培训、科学普及、技术推广、信息传播、现场技术指导和咨询服务，提高政策、技术和信息的到户率，满足林农的实际需要。同时，根据特色产业发展和农民需求，配备相关的科技图书、报刊、教材及 VCD 教学光盘等实用技术科普读本，供农民阅览或借阅，为学习实用技术和专项技能提供方便。

（四）农村公共投资推动特色经济发展的政策建议

1. 公共投资和制度建设

（1）完善农业支持保障制度。落实中央财政支农新要求，进一步调整财政支出结构，加大农业的投入力度，尤其要加强对以苹果为主的绿色产业发展的支持。一是积极开展贷款贴息、以奖代补等支农资金使用方式创新，充分发挥财政资金导向作用，提高财政资金的使用效率。二是完善粮食直补、良种补贴、农机购置补贴、农资综合补贴、能繁母猪补贴等现有的各项补贴政策，结合实际扩大补贴范围，增加补贴品种，提高补贴标准。积极扩大农业政策性保险试点范围，增加政府农业政策性保险投入，不断提高农业灾害风险分散能力与保障水平。三是研究制定农产品价格调节制度和具体的农产品市场调控办法，避免农产品价格大起大落，防止"谷贱伤农"，保障农业经营收入稳定增长。四是加快制定生态效益补偿制度，明确森林生态效益补偿标准、补偿对象和补偿范围。

（2）制定农村土地承包经营权流转实施细则和操作办法，建立健全土地承包经营权流转市场，引导农户和龙头企业依法有偿流转土地，发展适度规模经营，构建现代农业体系。

（3）解决融资问题。营造农村新型金融实体的政策环境，发展村镇银行、农村资金互助合作组织、小额贷款公司等适合农村特点和需要的新型金融机构及微型金融服务，扩大农村信用有效担保物范围，拓宽信贷资金支农渠道，为信贷支农创造良好条件。

2. 公共投资和特色经济产业化建设

（1）把龙头企业作为加快农业产业化、促进农民增收的核心和关键，加大财政支持力度，扶持龙头企业进行产能建设、技术改造和产品研发，引导龙头企业采取"公司＋基地＋农户"或"公司＋合作经济组织"等模式，发展订单农业，与农民结成较为稳定的利益共同体，延长产业链条，提高农业附加值。

（2）按照"民办、民管、民受益"的原则，引导农民专业合作经济组织加快发展，充分发挥其在代购代销、农技推广服务、组织标准化生产、农业品牌经营等方面"统"的作用，逐步将其培育成为引领农民参与国内外市场竞争的现代农业经营组织，实现小生产与大市场的有效对接，提高农业组织化程度。

（3）促进实施"三电合一"农村信息化示范工程建设，建立和完善农业信息综合服务网络，促进农业现代化进程。

（4）推行"一村一品"产业开发模式，发展以农户小规模生产为基础的联合规模经营，实现土地、技术、资金、品牌等优势资源的集约利用，发挥规模经济效益，增加农民收入。

（5）加快推行农业标准化生产，加强农产品的质量安全监管，保障农产品质量安全，不断提升延安市农产品的市场竞争力。

（6）大力发展以有机农业为重点的循环农业、生态农业和节约型农业，推广以沼气为主的农村能源建设和"果、畜、沼""菜、畜、沼"等循环农业模式，积极推广节水、节肥、节药等农业节本增效技术，提高农业经济效益，促进可持续发展。

3. 公共投资和特色经济基础设施建设

（1）林业。推进以集体林权制度改革和国有林场经营权为重点的林业改革工作，加快林地、林木流转和林木采伐管理等配套措施的制定。首先，完善天然林保护，一方面提高林业职工的工资收入，另一方面政府出台相应政策和资金。其次，提高国有林区道路建设、森林防火、林业有害生物防治、贫困林场改造、木材检查站、基层管护站、森林公安派出所等林业基础设施建设投资力度，改善林业和生态建设基础设施条件。此外，还要加强对幼林抚育、成林抚育、次森林抚育改造、低产林改造等森林经营工作，同时实行造林、育林和抚育改造。最后，推进重点区域绿化工程建设，积极抓好以两线三点为主和重点区域绿化工作，建设更多的城区森林景观带和城市绿带，实施绿色板块推进，改善城乡人居环境。

（2）基础设施建设。一是围绕人均2.5亩高标准基本农田建设目标，抓好基本农田建设、淤地坝旧坝恢复和新坝建设，开展土地开发整理、田间道路、灌溉设施等农田配套建设和中低产田改造，提高农业综合生产能力。二是围绕以苹果为主的绿色产业发展，扩大农机具购置补贴政策实施范围，大力推广节水灌溉、田间耕作、饲草加工、植保机具以及设施农业生产新型适用农业机械，提高农业的现代化物质装备水平和农业劳动生产率。三是继续加强防雹、防汛、防火、防疫、增雨等防灾减灾体系建设，强化农业抵御各种灾害的能力。四是按照就城就路就近的原则，加快城镇所在地、城郊村和中心村新农村建设步伐。

第7章　新时期延安农村公共产品制度建设的对策及措施

第一节　加强组织领导

一、加强指导协调

准确把握延安现代农业发展规律，精心谋划工作，不断强化农业的基础地位。首先，成立延安现代化农业示范区工作领导小组由市委市政府主要领导带领、市直相关部门以及各县区领导共同组成。其次，应当发挥好组织领导的组织和协调能力成立示范区办公室。有关部门要按照职责分工，密切合作，加强指导和协调，加大支持力度。积极争取陕西省与农业部开展省部共建，共同推进延安市国家现代农业示范区建设。

二、认真组织实施

承担规划任务的有关部门和各县区要切实加强组织领导，切实落实责任。根据本规划确定的任务，建立目标责任制，明确责任主体和相关政策措施。

三、开展监督检查

加强规划执行情况的跟踪评估，确保规范建设，充分发挥规划引领作用。将规划任务完成情况和建设效果，作为安排相关投资和政策支持，以及评价有关部门和各县区政绩的重要依据。对任务完成好、建设质量高、效果明显、成绩突出的部门和地方给予表彰奖励；对重视不够、投入不增加、措施不落实、建设质量不达标、示范带动不明显，未完成目标任务的部门和地方，要调减项目。

第二节　增加资金投入

一、加大财政资金投入力度

对于规划列示出的重点建设项目，前期一定要做足准备工作，积极争取到中央部委、省级的农业建设项目，而且能够有效地实施。地方财政部门要不断加大对示范区建设的支持力度，对于支持农业发展的市县级财政投入，其增长幅度要高于财政经常性收入；对于固定资产的投资在预算内应重点投入到基础设施在农业农村的建设实施中去，从而保证总量、比重得到同步提升；土地出让收益重点投向农业土地开发、农田水利和农村基础设施建设，确保足额提取、定向使用。

对于现代化农业示范区要设立专项建设资金。不断完善涉农资金相关管理办法，努力推进政府在强农、惠农方面的整合。各个部门应当把资金更多投入到主导产业，项目应当向核心区和示范园方向发展。坚持"渠道不变、用途不改、各负其责、各记其功"的原则，从而在与农业相关的投资安排、规划、编制、审核、计划、组织实施等方面进行良好的沟通与配合。

二、扩宽资金渠道吸引社会资金

搭建投融资担保平台包括政府投资公司、管理公司、担保公司等，多渠道招商从而扩大引资力度，鼓励并引导社会资金能够投入到农业现代化的建设中，并为其制定相应的优惠政策，从而形成农民、企业和政府通力合作配合的合力。采取积极引导投资主体与各类企业建立产业链包括从建设生产基地并加快加工物流发展等方面进行努力，从而培育出龙头企业并进一步开展招商引资工作。制定优惠政策，在费用补贴、投资补贴、贷款贴息、以奖代补等方面加大对合作组织、龙头企业以及种植大户的扶持力度，从而积极的引导社会力量投入到现代化农业的建设中去。

第三节　加强管理和宣传

一、加强依法行政

首先，加强相关政策扶持。制定基础设施建设、培育龙头企业、发展生产合作社、现代示范园在农业方面的实施意见。

其次，加大农村普法教育力度，增强农民和农村基层干部的法律意识。规范土地承包经营权流转，抓好农村土地承包纠纷仲裁工作，完善农村土地承包信息管理系统终端。加强农民负担监管，抓好一事一议财政奖补试点工作，维护农民合法权益。

最后，加大对污染物排放的管理监察力度，不断优化农业生产环境以及生态环境。

二、加强监管力度

通过对农产品和农业相关投入品的质量管理，进而维护农产品市场秩序。开展农资打假和知识产权保护专项治理行动，打击生产经营假劣农资行为，促进农资市场规范经营、守法经营。通过推广低毒、高效、易降解或是生物农业用品来推广农业种植科学化。

三、加大宣传引导

积极组织中央级和省级媒体来延安采访现代农业建设情况，扩大对建设国家现代化农业示范区的战略部署以及建设现代化农业的先进事迹和成功经验的宣传。可以通过纸媒、互联网等新媒体或者通过研讨会、论坛、发布会等方式进行宣传，从而提升延安市政府以及社会各方对农业现代化发展的了解，从而为规划的实施注入内生动力，从而提升示范区的综合影响力。

第四节　加速推进城乡一体化

统筹城乡产业发展、规划建设、居民就业和社会事业发展，建立"城乡互动、三次产业联动"的有效机制，促进城乡之间公共资源配置均衡、生产要素自由流动。加快建设城乡社会一体化管理，建立推动城乡统筹发展的积极有利的行政管理机制。加快城乡一体化基层公共科技服务体系的建设，争取建成科技化农村。构建城乡一体化的人力市场和服务体系，逐步完善城乡就业服务政策和管理制度，为农村剩余劳动力提供就业指导。建立现代化的农业示范园，为重点城镇和新社区的农民提供保障，使其能"进的来、稳的住、能就业、能增收"。

一是加强各部门组织领导。相关部门负责人要起到带头作用，制定明确的目标，切实落实责任。根据本规划确定的任务，研究惠农政策，建立目标责任制并强化协调配合能力，统筹重大项目推进，明确责任主体把农业经济发展工作作为重要的绩效考核目标，从而保证规划落实。

二是增强财政扶持力度。增强地方财政支持力度并积极争取中央和省级专项资金支持，促进财政资金向农业倾斜，从而真正落实惠农支农政策。建立健全农业奖励补贴制度，扩大补贴的范围，增加补贴总量，完善监督检查机制。加强对农业科研和技术推广的支持，支持重大项目建设，促进农产品加工企业上市，充分发挥财政资金对农业发展的引导作用。

三是多渠道吸引社会资金。制定优惠政策，在费用补贴、投资补贴、贷款贴息、以奖代补等方面加大对合作组织、龙头企业以及种植大户的扶持力度，从而积极的引导社会力量投入到现代化农业的建设中。具体的融资模式可以借鉴洛川县、甘泉县成功方式。搭建投融资平台包括政府投资公司、管理公司、担保公司等，多渠道招商从而扩大引资力度，鼓励并引导社会资金能够投入到农业现代化建设。从而形成农民、企业和政府通力合作达到事半功倍的效果。

四是加强对外交流合作。把握"一带一路"倡议的发展机遇。首先，应加强农业对外的区域交流与合作。其次，坚持"引进来、走出去"的政策，积极引进先进的技术与人才，从而拓展国内农业的国外市场。

参考文献

［1］Aschauer D. A. Is Public Expenditure Productive? ［J］. Journal of Monetary Economics, 1989, 2 (2): 177 -200.

［2］Emiel B. Barrios. Infrastructure and Rural Development: Household Perceptions on Rural Development ［J］. Progress in Planning, 2008 (70): 1 -44.

［3］Nadiri M I. Mamuneas T P. Infrastructure and public R&D investments, and the growth of factor productivity in US manufacturing industries ［R］. National Bureaus of Economic Research, 1994.

［4］Timmer, Peter. The Agricultural Transformation ［J］. International Agricultural Development, 2010 (1): 7 -9.

［5］Mccarthy N, Kilic T. The nexus between gender, collective action for public goods and agriculture: evidence from Malawi ［J］. Agricultural Economics, 2015, 46 (3): 375 -402.

［6］Paul A. Samulson , McGraw － Hill /Lrwin , 18edition , July27 , 2004.

［7］Petrick M, Gramzow A. Harnessing Communities, Markets and the State for Public Goods Provision: Evidence from Post － Socialist Rural Poland ［J］. World Developmennt, 2012, 40 (11): 42 -54.

［8］Qamar M. K. Demand for Service Planning by Villagers: A Case Study from

Pakistan. Presented at the Annual Meeting of the Neuchatel Initiative Group, Held at Aarhus, Denmark, 2004 (11): 2 – 3.

[9] Renfu Luo, Liuxiu Zhang, Jikun Huang and Scott Rozelle. Village Elections, Public Goods Investments and Pork Barrel Politics, Chinese – style [J]. Journal of Development Studies, 2010, 46 (1): 662 – 684.

[10] 2015 年我国卫生和计划生育事业发展统计公报. [EB/OL] http: // www. nhfpc. gov. cn/guihuaxxs/s10748/201607/da7575d64fa04670b5f375c87b6229b0. shtm.

[11] [英] 安东尼·B·阿特金森, [美] 约瑟夫·E·斯蒂格利茨. 公共经济学 [M]. 蔡江南等译. 上海: 上海三联书店, 1992.

[12] 白南生, 李靖, 辛本胜. 村民对基础设施的需求强度和融资意愿——基于安徽凤阳农村居民的调查 [J]. 农业经济问题, 2007 (7): 49 – 53 +111.

[13] 陈俊红, 吴敬学, 周连第. 北京市新农村建设与公共产品投资需求分析 [J]. 农业经济问题, 2006 (7): 9 – 12 +79.

[14] 陈柳钦. 公共经济学的发展动态分析 [J]. 南京社会科学, 2011 (1): 21 – 28 +42.

[15] 陈文娟. 我国中部地区农村公共物品供求现状研究 [D]. 西北大学博士学位论文, 2011.

[16] 程林. 基于城乡比较的农村公共产品政府供给优先序研究 [D]. 武汉理工大学博士学位论文, 2012.

[17] 杜春林, 张新文. 农村公共服务项目为何呈现出“碎片化”现象?——基于棉县农田水利项目的考察 [J]. 南京农业大学学报（社会科学版）, 2017, 17 (3): 31 – 40 +156.

[18] 樊丽明, 骆永民. 农民对农村基础设施满意度的影响因素分析——基于 670 份调查问卷的结构方程模型分析 [J]. 农业经济问题, 2009 (9): 51 – 59 +111.

［19］范逢春，李晓梅．农村公共服务多元主体动态协同治理模型研究［J］．管理世界，2014（9）：176-177.

［20］方凯，王厚俊．基于因子分析的农村公共品农民满意度评价研究——以湖北省农户调查数据为例［J］．农业技术经济，2012（6）：30-36.

［21］巩雨．延安市农村卫生室基本医疗服务可及性研究［D］．延安大学博士学位论文，2017.

［22］国家卫生和计生委员会．2016 中国卫生和计划生育统计年鉴［M］．北京：中国协和医科大学出版社，2016.

［23］韩小威．重构农村公共服务供给模式的判断基准及实现障碍［J］．经济纵横，2013（6）：31-34.

［24］胡志平．中国农村公共服务非均衡供给的政治经济学分析［D］．复旦大学博士学位论文，2010.

［25］金镝．公共经济学［M］．大连：大连理工大学出版社，2007.

［26］孔祥智，涂圣伟．新农村建设中农户对公共物品的需求偏好及影响因素研究——以农田水利设施为例［J］．农业经济问题，2006（10）：10-16+79.

［27］李华．中国农村：公共品供给与财政制度创新［M］．北京：经济科学出版社，2005：19.

［28］李强，罗仁福，刘承芳，张林秀．新农村建设中农民最需要什么样的公共服务——农民对农村公共物品投资的意愿分析［J］．农业经济问题，2006（10）：15-20+79.

［29］李燕凌，曾福生．农村公共品供给农民满意度及其影响因素分析［J］．数量经济技术经济研究，2008（8）：3-18.

［30］李曾．城乡公共服务均等化中的政府责任［D］．山西大学博士学位论文，2013.

［31］廖天士，陈海波．福建农村公共服务供需矛盾分析与对策［J］．福建农林大学学报（哲学社会科学版），2013（5）：38－42.

［32］廖小东，丰凤．西部欠发达地区农村公共品需求研究［J］．贵州财经学院学报，2012（5）：67－73.

［33］林万龙．农村公共服务市场化供给中的效率与公平问题探讨［J］．农业经济问题，2007（8）：4－10.

［34］龙新民，江庆．论公共产品概念的现实意义［J］．当代财经，2007（1）：39.

［35］马林靖，张林秀．农户对灌溉设施投资满意度的影响因素分析［J］．农业技术经济，2008（1）：34－39.

［36］马骁，王宇，张岚东．消减城乡公共产品供给差异的策略基于政治支持差异假设的探视［J］．经济学家，2011（1）：43－48.

［37］马志敏，吴朝阳．城乡统筹视阈下我国农村公共产品供给的路径探讨［J］．经济问题，2013（5）：69－72.

［38］陕西省人民政府办公厅．关于推行国家基本药物制度的实施意见［S］．陕政办，2009（161）.

［39］史中翿．中国农村公共物品供求失衡问题及对策［D］．吉林大学博士学位论文，2009.

［40］孙翠清，林万龙．农户对农村公共服务的需求意愿分析——基于一项全国范围农户调查的实证研究［J］．中国农业大学学报（社会科学版），2008（3）：134－143.

［41］拓志超．城乡基本公共服务非均等化原因探析［J］．经济论坛，2011（11）：180－183.

［42］王方．政府供给农村公共品效率研究［D］．西南大学博士学位论文，2013.

［43］王蕾，朱玉春．农民对农村公共产品满意度及影响因素分析——来自西部地区 735 户农户的调查［J］．农业经济与管理，2011（5）：27 - 36.

［44］王彦．农村公共服务供给中的村民参与：供给过程与服务类型的二元分析［J］．求实，2017（1）：77 - 86.

［45］夏锋．千户农民对农村公共服务现状的看法——基于 29 个省份 230 个村的入户调查［J］．农业经济问题，2008（5）：68 - 73 + 112.

［46］谢迪，吴春梅．农村公共服务效率：机理与效应［J］．南京农业大学学报（社会科学版），2015，15（6）：23 - 33 + 137.

［47］许莉．农民对农村公共产品供给满意度实证分析——基于江西省农户层面的实地调研［J］．统计与信息论坛，2012（6）：102 - 108.

［48］易红梅，张林秀，Denise Hare，刘承芳．农村基础设施投资与农民投资需求的关系——来自 5 省的实证分析［J］．中国软科学，2008（11）：106 - 115 + 148.

［49］张新文，詹国辉．整体性治理框架下农村公共服务的有效供给［J］．西北农林科技大学学报（社会科学版），2016，16（3）：40 - 50.

［50］赵晓亮．村级公共品供需均衡分析［D］．山东财经大学博士学位论文，2013.

［51］郑德亮，袁建华，赵伟．农村公共投资满意度情况调查及其敏感度分析——以山东省农户调查数据为例［J］．农业技术经济，2009（6）：31 - 39.

［52］周利平，苏红，付莲莲．农民参与农村公共产品建设意愿的影响因素研究——基于江西省 639 份调查问卷的实证分析［J］．江西农业大学学报（社会科学版），2012（3）：42 - 47.

［53］朱建文．城乡统筹发展视角下农村公共品有效供给的财税政策研究——以安徽省为例［J］．南京农业大学学报（社会科学版），2010，10（4）：27 - 31.

附　录

延安市"十三五"农业农村经济发展
规划主要预期目标

主要预期目标

类型		指标内容	2014 年	2020 年	年均增速（%）
农业效益 和农民收入		农业总产值（亿元）	203.20	300	6.71
		农业增加值（亿元）	116.35	160	5.45
		农村居民人均可支配收入（元）			12
现代农业 产业发展	苹果	面积（万亩）	336.50	400	2.92
		产量（万吨）	261.44	350	4.98
	粮食	面积（万亩）	300.60	300	−0.03
		产量（万吨）	78.68	70	−1.97
	干果	面积（万亩）	118.50	133.5	2.01
		产量（万吨）	9.80	18.3	10.97
	畜牧	家畜饲养量（万头）	170.82	530	20.77
		家禽饲养量（万只）	849.60	1300	7.35
		肉蛋奶产量（万吨）	11.15	13.5	3.24

类型		指标内容	2014 年	2020 年	年均增速（%）
现代农业产业发展	蔬菜	面积（万亩）	35.14	50	6.05
		产量（万吨）	113.00	150	4.83
	水产	面积（万亩）	3.02	3.75	3.67
		产量（万吨）	0.3030	0.38	3.85
农产品加工业		产值（亿元）	48	100	13.01
农产品质量安全和品牌化		质量安全抽检合格率（%）	99.3	96	—
物质装备与科技水平		设施农业面积（万亩）	24.15	30	3.68
	农机化水平	总动力（万千瓦）	215.05	250	2.54
		主要农作物耕种收综合机械化水平（%）	56.30	70	3.70
		林果业机械化水平（%）	40	60	6.99
		畜牧业机械化水平（%）	35	50	6.12
		设施农业机械化水平（%）	25	75	20.09
		良种化率（%）	90	90	0.00
产业化与组织化水平		市级以上重点龙头企业（个）	98	186	11.27
		农民专业合作社（个）	2296	3200	5.69
		家庭农场（个）	1405	2200	7.76
		职业农民（人）	3150	20000	36.08

延安市"十三五"苹果、蔬菜、粮食预期产量　　单位：万亩、万吨

任务 县区	苹果				蔬菜								粮食	
	新增		合计		日光温室			大棚		露地菜		合计		
	面积	产量	面积	产量	新增	改造	累计	新增	累计	新增	累计	面积	产量	面积	产量
全 市	56.5	79.4	400	350	4.00	3.50	17.0	2.50	13.00	5.00	20	50	150	300	70
宝塔区	2.5	10.5	52	34.5	0.40	0.50	1.80	0.70	2.90	0.75	2.60	7.30	20.00	40.6	8.5
延长县	1.5	8	32	32	0.40	0.40	1.90	0.30	1.20	0.75	0.90	4.00	15.00	15.6	3.5
延川县	6	3.4	25	9.9	0.30	0.25	0.90	0.30	0.90	0.50	1.20	3.00	6.00	25.4	4.2
子长县	9	2.6	30	4.1	0.30	0.25	1.50	0.10	0.55	0.50	1.70	3.75	13.00	38.2	7.0
安塞县	2	9.5	43	13.5	0.60	0.80	4.90	0.20	1.80	0.25	0.90	7.60	30.00	42.6	6.0

续表

任务 县区	苹果				蔬菜										粮食	
	新增		合计		日光温室			大棚		露地菜		合计				
	面积	产量	面积	产量	新增	改造	累计	新增	累计	新增	累计	面积	产量		面积	产量
志丹县	3	6.5	24	8.5	0.30	0.20	0.70	0.20	1.20	0.25	0.90	2.80	9.00		27.2	5.0
吴起县	14	1.7	24	2.7	0.30	0.20	0.70	0.20	1.10	0.25	1.90	3.70	10.00		25.5	5.0
甘泉县	4	1.7	10	2.2	0.75	0.50	2.50	0.20	1.40	0.50	2.20	6.10	19.00		14.1	3.8
富 县	4	8.6	40	59.1	0.25	0.30	1.50	0.10	0.90	0.50	2.50	4.90	13.00		9.3	3.5
洛川县	2	7	52	86.5	0	0	0	0	0	2.10	2.10	3.50			19.2	9.0
宜川县	4	10	30	53.5	0.15	0	0.25	0.10	0.35	0	1.10	1.70	4.50		10.1	3.5
黄龙县	2	1.9	12	6.4	0.10	0	0.10	0	0.10	0.50	0.60	0.80	2.00		16.7	7.0
黄陵县	2.5	8	26	37.1	0.15	0	0.25	0.10	0.60	0.25	1.40	2.25	5.00		15.5	4.0

延安市"十三五"畜禽预期产量

任务 县区	生猪		肉牛		羊子		家禽		蜜蜂饲养量		产量			
	存栏	出栏	存栏	出栏	存栏	出栏	存栏	出栏	新增	累计	肉类	蛋类	奶类	合计
全　市	230	270	22	8	180	120	540	460	13.05	20	9.3	3.4	0.8	13.5
宝塔区	18	21	2.64	1.63	11	8	100	75	0.87	1	0.87	0.48	0.388	1.738
延长县	24	27	3.85	0.85	15	9	36	30	0.68	0.8	0.39	0.18	0.011	0.581
延川县	13	16	2.1	0.7	14	9	32	25	0.78	0.9	0.37	0.16	0.048	0.578
子长县	22	26	3.7	1.95	22	15	36	34	0.57	1	1.11	0.29	0.061	1.461
安塞县	12	15	1.28	0.25	22	15	36	32	0.55	0.6	0.4	0.24	0.019	0.659
志丹县	14	16	0.69	0.19	30	20	33	24	0.07	0.1	0.41	0.19	0.012	0.612
吴起县	18	21	0.69	0.18	30	20	27	26	0.93	1	0.71	0.19	0.013	0.913
甘泉县	13	15	1.1	0.25	14	8	120	115	3.8	4	0.55	0.79	0.016	1.356
富　县	13	16	2	0.65	5	3.5	28	25	0.5	0.55	0.36	0.21	0.005	0.575
洛川县	47	56	0.6	0.15	5	3.5	23	21	0.05	0.05	3.14	0.17	0.181	3.491
宜川县	15	17	0.8	0.3	4.5	3	21	16	0.3	1	0.31	0.17	0.008	0.488
黄龙县	5	6	2	0.7	3.5	2.5	23	3	8	0.31	0.12	0.002	0.432	
黄陵县	16	18	0.55	0.2	4	3.5	25	21	0.95	1	0.37	0.21	0.036	0.616

延安市"十三五"水产、干果预期产量　　单位：万亩、万吨

任务\县区	水产		红枣			核桃			花椒		三大干果合计	
	面积		产量	面积		产量	面积		产量	面积	产量	面积	产量
	新增	累计		新增	累计		新增	累计					
全　市	0.747	3.75	0.38	5	54.3	15	10	57.8	2.8	21.4	0.5	113.5	18.3
宝塔区	0.086	0.41	0.09		0.7	0.2		0.7	0.04			1.4	0.24
延长县	0.012	0.06	0.008	0.5	2.8	0.9	0.5	3.3	0.15	8.1	0.19	14.2	1.24
延川县	0.031	0.12	0.008	3.6	46.5	13		0.1	0.01			47.5	13
子长县	0.0535	0.25	0.018	0.5	1.2	0.4						1.2	0.4
安塞县	0.043	0.25	0.018		1.8	0.6		1.5	0.08			3.3	0.68
志丹县	0.0535	0.28	0.016										
吴起县	0.202	1.03	0.05										
甘泉县	0.0105	0.09	0.007	0.4	0.5	0.2	1	4.2	0.2			4.7	0.4
富　县	0.081	0，42	0.055				0.5	0.5	0.05	0.1		0.6	0.05
洛川县	0.029	0.17	0.015		0.8	0.2			0.06	0.1		1.8	0.36
宜川县	0.011	0.08	0.009				0.5	5.6	0.3	8.0	0.19	13.6	0.49
黄龙县	0.004	0.04	0.008				6	36.4	1.6	5.1	0.12	41.5	1.75
黄陵县	0.1215	0.55	0.08				1	4.6	0.3			4.6	0.3

延安市"十三五"农业发展预期项目

项目名称		建设规模及主要内容
"43135"优质农产品基地建设项目	果品基地建设项目	①建设良种苗木繁育基地2个，年出圃优质苗木500万株
		②更新改造老果园25万亩
		③新建苹果园50万亩，建设有机苹果基地15万亩
		④杂果改良提升
		⑤建设示范区25万亩
		⑥建设示范园300个
		⑦中哈友谊园3个

续表

项目名称		建设规模及主要内容
"43135"优质农产品基地建设项目	蔬菜	①基地建设：新增和改造日光温室7.5万亩，新建大棚2.5万亩、高标准露地蔬菜5万亩
		②重大技术推广：全面推广"95"式新型日光温室，推广秸秆反应堆2.5万亩、石灰氮高温焖棚2.5万亩、番茄黄化曲叶病毒病防控、1.5万亩、集约化育苗及苗木统供2.5亿株、自动卷帘机1.5万套，新品种应用
		③引智和技术培训：引进专业技术人才50名，培养乡土人才50名；培训蔬菜技术骨干2000人次，培训菜农5万人次
		④市场体系建设：扶持培养10~20个专业营销队伍，支持蔬菜重点县建成产地市场5~10个
		⑤建成省级标准示范园3~4个，市级标准园20个，建设集中育苗点20个
	畜牧	建设省级肉羊基地县4个，省级肉牛基地县2个，发展存栏500只以上规模养羊场500个
	粮食	每年推广玉米、马铃薯高产创建面积30万亩，推广玉米全膜覆盖技术20万亩，5年建设50万亩有机小杂粮生产基地
	干果	新建园15万亩，改造低产老园25万亩
	渔业	新建标准化养殖基地8个，扶持建设5个特色休闲渔村，建立市级病害数据库，新建水域生态环境监测点3个，新建1个省级良种场，改造1个省级良种场，建设无公害标准化养殖基地10个，为3个水产养殖病害监测县区配置水生动物病害远程辅助诊断设备，为各县区渔业执法机构配齐必备的仪器设备13台（套）
现代果业"一带一路"提质增效及技术创新项目	综合生产能力提升项目	①建设1万吨有机肥厂2个
		②每年果园豆菜压青覆盖50万亩，累计压青覆草250万亩
		③每年施用堆沤肥5万亩，累计使用堆沤肥25万亩
		④山地果园蓄水保水，修筑反坡梯田10万亩，新建集雨窖1万口，完成集流面积580万平方米
		⑤新建防雹网面积5万亩，完成政策性保险50万亩，建设病虫害观测站30个，建设自动气象监测站30个
	现代果业发展基础装备建设项目	①建设市级智慧果业信息平台1个
		②建设县级果业信息服务中心13个，果园机械设备30000台，发展年收入50万元以上专业大户1000户，发展经营果园30亩以上家庭农场10000个，发展产业园15个
		③建设1500个基层信息服务站

续表

项目名称		建设规模及主要内容
现代果业"一带一路"提质增效及技术创新项目	新技术新品种引进与种质资源保护项目	①品种引进与选育,引进新品种 20 个
		②聘请国外专家 20 人次
		③建设集休闲、观光、旅游为一体的吴起楸子种质资源保护森林公园
		④建设吴起楸子种质资源保存圃 300 亩,采穗圃 100 亩
	技术人才队伍素质提升项目	印发培训教材与果农实用技术手册 50 万套,每年培训专业技术骨干 1000 名,农民技师 10000 名,职业农民 10 万名
	科技创新体系建设项目	①试验站建设与完善试验研究功能
		②建设田间水肥管理职能系统示范点 6 个
		③建立病虫害防治、灾害性天气预警系统
		④建设果品质量安全追溯系统
	产业化提升工程建设项目	①建立市县两级果品营销中心;支持发展电商 500 家、国家级龙头企业 5 个、省级龙头企业 20 个、全国优秀示范社 5 个、省级百强社 20 个;500 座 1000 吨冷(气)库库体及选果线、制冷设备、冷藏车、周转箱等配套设施建设
		②建设果品直销窗口 60 个
		③国内外主销城市每年宣传推介 2 次
	国家级洛川苹果产业园区后续建设项目	建设 10 万吨气调库 1 个、苹果博览苑 1 个,引进企业建设产业果干、果片、果汁、果袋、化肥、农药、农业机械等相关加工企业,与阿里巴巴等合作建成西北最大的苹果电子商务中心和全国苹果信息服务中心,建成 12 万平方米现代化农资仓储周转仓库,完善基础设施建设,提高物流配送和商业服务功能
现代农业园区建设及综合提升项目		围绕主导产业新建设产业开发、科技示范、生态循环、流通加工、休闲观光五型现代农业示范园区 113 个,对已启动建设的现代农业示范园区实施提升工程,重点是:配置智能温室、农产品贮藏保鲜、水肥一体化自动管理及农产品质量等检验检测管理服务设施,全面提高园区设施装备应用水平等;支持园区配置苹果、蔬菜、禽畜产品、红枣等加工业项目,促进园区农产品加工业由初加工、粗加工向深加工、精加工转型;建立园区畜种、种苗繁育中心。加大农业标准化生产、节能减排、循环应用、重大灾害防控、生物农业等适用、新型技术的集成应用

项目名称		建设规模及主要内容
农业基础设施及防灾减灾体系建设项目	旱涝保收标准农田建设	实施 20 个旱涝保收标准农田建设项目，每个建设面积 2.5 万亩，主要建设内容为：平整土地及耕作层改造，修建桥涵、泵站、蓄水池、排洪沟、机耕道路，铺设输水管道、低压暗管灌溉，建设喷灌工程，购置移动喷灌机、变压器、水分速测仪、杀虫灯、旋耕机等仪器设备
	农机化建设	全程机械化示范县建设项目：创建玉米、洋芋、苹果、畜牧养殖、蔬菜全程机械化示范县各 1 个
		建立和完善节水灌溉技术体系，配置微滴灌设施设备，工程实施面积 25 万亩，其中苹果 10 万亩，粮食 10 万亩，设施农业 5 万亩
		农机新机具试验示范基地建设项目：建设 1 个新机具试验示范基地，建成试验示范区 0.5 万亩，针对农机化生产中存在的薄弱环节和关键技术，引进先进、实用填补空白的农业机械，进行必要的基础设施建设，开展技术培训和宣传
	农机化建设	农机深松整地工程项目：完成 50 万亩深松整地面积，推广 90 马力以上大型拖拉机 200 台，推广深松配套机具 200 台
		农机安全检查和事故处理装备
	农村能源建设	建设养殖小区域联户沼气工程 300 处，建设大中型沼气工程 80 处，建设万吨有机肥加工厂 80 个，年产五千吨有机肥加工厂 40 个
	中型灌区节水改造	枢纽工程改造 2 处，干支斗渠道改造 219.2 千米，维修斗农渠 452.8 千米，渠系建筑物改造 2812 座，新建节水灌溉园区 1.62 万亩
	农业节水灌溉	新增渠道防渗工程面积 4.62 万亩、低压管道输水工程面积 24.28 万亩、喷灌工程面积 2.7 万亩、微灌工程面积 1.1 万亩；改造渠道防渗工程面积 0.5 万亩、低压管道输水工程面积 1.3 万亩、微灌工程面积 0.78 万亩
	防灾减灾	动物疫病	对全市畜禽进行春秋两季集中免疫，完善、更新基层站所计算机、复印机、打印机、传真机等办公设备，购买诊断试剂、现场快速诊断仪器、防护用具等
		植物保护	重点开展果树病虫害和外来生物入侵防控，病虫害绿色防控体系建设和专业化统防统治体系建设
		气象工程	核心技术提升工程。升级改造多普勒天气雷达；对现有洛川、富县、延安三部人影专用 711 雷达的更新换代，完成对宜川、黄陵、延长三部 TWR01 型雷达的升级改造，完成黄陵 TWR01 雷达的站址规划搬迁，新增一部车载 X 波段双线偏振多普勒天气雷达。升级改造 13 套自动气象站和 120 套区域气象观测站，建设 13 个自动土壤水分监测站、13 个地基 GPS/MET 水汽监测站、10 个滴谱观测站，5 个大气电场探测仪

项目名称			建设规模及主要内容
农业基础设施及防灾减灾体系建设项目	防灾减灾	气象工程	果业气象保障工程。建设主要果树品种 59 个生态物候观测点，9 个果园小气候监测点和 11 个土壤墒情监测点。建成 13 个县级预警中心、建设多媒体预警系统 3000 套，实现镇村全覆盖。建设送风法、烟雾法、水雾法等 1300 亩人工防霜冻示范基地。将果园防霜技术推广至 100 万亩，节水覆盖保墒推广至 100 万亩，果实着色补光技术推广至 100 万亩。建设洛川苹果气象中心、国家级农业气象试验站，建设山地苹果气象中心，建立市级人工增雨防雹基地
			人影能力续建工程。建立人影作业示范区和效益效果评估区；在王窑、周湾、长城、南沟门等大中型水库等周边区域设置自动雨量站点并布设一部微波辐射计进行地面云物理探测；对全市 241 个高炮、火箭作业站（点）的维修改造升级，更新"三七"高炮 60 门，更新 WR 型火箭发射系统 50 套，新增固定作业点 30 个，新增移动火箭作业系统 8 台套。升级市县两级人影指挥系统
延安市农产品质量安全检验检测能力提升项目			建设市级农产品质量安全检测实验楼 3600 平方米，购置离子色谱仪、ICP-MS 等精密仪器，更新气相色谱仪、液相色谱仪、原子吸收分光光度计、原子荧光光度计等仪器设备，重点县区添置质谱仪；培训市、县农产品检测人员
			①健全监管监测体系，落实属地管理和监管措施；开展三品一标认证，推进标准化示范创建；开展农产品质量安全追溯体系建设试点；强化监测和分析研判
			②实施商标品牌战略，支持商标注册和包装标识上市，争创名牌产品、著名商标和驰名商标，做大做强洛川苹果、南泥湾蔬菜、延安小米等区域公共品牌
			③认证三品一标农产品 600 个以上，600 万亩，组织开展到期获证产品续展、复评、推广三品一标标识 5000 万枚
中国南泥湾红色文化教育宣传基地与现代农业观光园项目			项目占地面积 1282 亩，总体布局为一院一馆一园，分为南泥湾红色文化宣传教育基地与现代农业综合示范园两个部分，其中：南泥湾红色文化宣传教育基地含农垦干部学院、农垦博物馆和民俗文化体验街，现代农业综合示范园含农垦林红色文化主题公园、农业观光采摘园和农业观光种植园
延安苹果公园建设项目			苹果公园核心区建设 400 亩苹果园，展示世界苹果新品种、新技术、新模式

续表

项目名称	建设规模及主要内容
延安市农业科技示范基地（延安现代生态农业科技创新园区）	项目建设面积440亩。规划建设科研试验区、示范繁育展示区、设施农业示范区、循环农业示范区和综合服务区五大功能区；打造六大基地：国家现代农业科技示范基地，农业新品种、新技术、新机械创新试验基地，农作物良种繁育基地，农业科技人员、职业农民实用技术培训基地，农业科普及陕北农耕文化传承教育基地和生态循环农业示范基地，为延安市国家现代农业示范区建设发挥科技支撑与典型示范作用
农产品加工基地建设	建设洛川苹果、甘泉禽豆制品、宝塔区农畜产品、志丹农畜产品、延川红枣、黄龙核桃、洛川畜产品、吴起羊产品等8个农产品加工园区

国内外苹果名优产区气候优生资源对照

最适宜区	全年日照时数	全年降雨量（毫米）	海拔（米）	年均温（℃）	六至八月均温（℃）	四至十月均温（℃）	一月均温（℃）	绝对最低温（℃）
指标要求	2000~2800	200~800	800~1500	9~11	18~24	13.0~18.5	0~9	-1~25
陕西·延安	2448.6	507.7	958.5	9.9	22.1	17.5	-5.5	-23.0
山东·青岛	2559.2	777.4	20.0	11.9	23.6	19.6	-2.6	-20.5
辽东·雄岳	2743.0	611.0	—	10.4	24.2	18.4	-5.0	-19.0
日本·长野	2056.3	1014.4	418.0	11.3	22.6	18.2	-1.5	-17.0
法国·里昂	2018.0	731.5	200.0	11.4	19.7	16.2	2.4	-25.0
美·罗切斯特	—	839.4	166.0	8.9	20.8	16.0	-4.1	-24.4
意·波尔萨诺	1913.0	781.0	271.0	12.2	21.4	17.9	0.6	-15.4

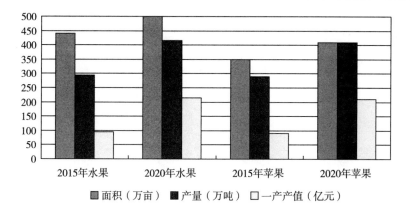

延安市"十三五"末水果和苹果面积、产量、产值对照

延安市果业区域布局图